SPSS VE R UYGULAMALI
SAYMA VERİSİ REGRESYON ANALİZİ MODELLERİ
PRM - NBRM – ZIP – ZINB - HURDLE

AF862703

SPSS VE R UYGULAMALI SAYMA VERİSİ REGRESYON ANALİZİ MODELLERİ
PRM - NBRM – ZIP – ZINB - HURDLE

Dr. Leyla İŞBİLEN YÜCEL

ISBN: 978-625-7669-33-7

1. Baskı: Kriter Yayınevi 2021 / İSTANBUL

Yayınevi Sertifika No: 45353

Anahtar Kelimeler: Poisson regresyon modeli, Genelleştirilmiş doğrusal modeller, Aşırı yayılım, Negatif binom regresyon modeli, Aşırı sıfır regresyon modeli, Hurdle model.

Birinci Baskı, 127 s. 16 cm x 23,5 cm

Kaynaklar var, Dizin Yok.

Kapak Tasarımı: Ahmet Baran

Mizanpaj: Kriter Yayınevi

Baskı: Çözüm Baskı Merkezi Ticaret Limited Şirketi

Emniyetevleri Mahallesi Güvercin Sokak No:7/1 Kağıthane / İstanbul

Matbaa Sertifika No: 49099

© Kriter Yayınevi

Kriter Basım Yayın Dağıtım Film Müzik Reklamcılık Yapım Sanayi ve Tic. ve Ltd. Şti. Tanıtım için yapılacak kısa alıntılar dışında yayıncının yazılı izni olmaksızın hiçbir yolla çoğaltılamaz.

İletişim:

Kriter Yayınevi

Hobyar Mah. Ankara Cad. Güncer Han No: 17 Daire 306

Fatih / İSTANBUL

Tel: 0 212 527 31 89

info@kriteryayinevi.com

www.kriteryayinevi.com

SPSS VE R UYGULAMALI

SAYMA VERİSİ REGRESYON ANALİZİ MODELLERİ

PRM-NBRM- ZIP-ZINB- HURDLE

Dr. Leyla İŞBİLEN YÜCEL

Birinci Baskı

2021 – İstanbul

KRİTER

Canım Oğlum Atakan Cesur'a...

Önsöz

Sayma verisi regresyon analizi modelleri, normallik varsayımlarının sağlanmasının mümkün olmadığı nadir görülen olayların modellenmesi maksadıyla, bağımlı değişkenin sürekli olmadığı, Poisson veya Negatif binom dağılımına sahip olduğu durumlarda, sürekli ve(ya) kategorik açıklayıcı değişkenlerce açıklanmasına dayanan, logaritmik modellerdir. Sayma verisi regresyon modelleri; bağımlı değişkenin aşırı yayılım, eşit yayılım veya az yayılıma sahip olmasına bağlı olarak Poisson regresyon modeli, Negatif binom regresyon modeli; bağımlı değişkeninin çok sayıda sıfır değeri içerip içermediğine, aşırı sıfır içermekle birlikte aşırı yayılım gösterip göstermediğine göre Zero Inflated modeller, Hurdle modeller, vb. çeşitlilik arz etmektedirler.

Bu kitap altı bölümden oluşmaktadır. Birinci bölüm, en temel sayma verisi regresyon modeli olan Poisson regresyon modeline temel teşkil etmesi bakımından Poisson dağılımına ayrılmıştır. İkinci bölümde Poisson regresyon analizi, üçüncü bölümde Negatif binom dağılımı, dördüncü bölümde Negatif binom regresyon modeli, beşinci bölümde aşırı sıfır durumu ve hurdle model, son bölümde çeşitli SPSS ve R uygulamalarına yer verilmiştir. Örneklerdeki veriler varsayımsal verilerdir. Bu nedenle, çıktı yorumlarında bir takım mantık kurallarına uygun olmayan ifadelerin üzerinde durulmaması tavsiye edilir. Örnek çözümleri, her düzeyden araştırmacıya hitap edecek şekilde, en temelden başlayarak daha karmaşık örneklere doğru ayrıntılı bir şekilde açıklanmaya çalışılmıştır.

Sayma verisi ile ilgilenen herkese faydalı olmasını dilerim.

Leyla İşbilen Yücel

İstanbul/ Nisan 2021

İçindekiler

Tablolar Listesi

Şekiller Listesi

1. Poisson Dağılımı

Poisson dağılımı 1837'de Laplace ve Lagrange'ın öğrencisi olan Fransız matematikçi ve fizikçi Siméon-Denis Poisson (1781-1840) tarafından bulunmuştur. Poisson dağılımının bilim dünyasına tanıtılması, *Recherches sur la probabilité des jugements en matière criminelle et matière civile* isimli dergide yayınlanması ile gerçekleşmiştir.[1]

Poisson dağılımı sürekli uzayda meydana gelen anlık olayların kesikli bir dağılımıdır. Sürekli uzay ile ifade edilmek istenen, belirli bir zaman dilimi ve(ya) mekândır. Poisson dağılımı gösteren olaylara örnekler verecek olursak;

- Bir saatlik bir süreçte telefonunuza gelen reklam mesajlarının sayısı,
- Belirli bir bölgeye belirli bir zaman diliminde uğrayan çok nadir bir tür olan pembe gagalı papağanların sayısı,
- Kitabın bir bölümündeki yazım hatalarının sayısı,
- 100 hektarlık orman alanında hasta ağaçların sayısı,
- Bir ilaç geliştirme firmasının 10 yıllık bir süreçte aldıkları patent sayısı,
- Bir akademisyenin son 10 yılda aldığı ödüllerin sayısı,
- Bir limana bir gün boyunca mal indiren gemilerin sayısı,
- Bir insanın son 20 yılda geçirdiği ameliyatların sayısı,
- Belirli bir bölgeye son bir yılda düşen yıldırımların sayısı,
- Belirli bir bölgede son 10 yılda meydana gelen, büyüklüğü 6'nın üzerinde olan depremlerin sayısı,
- vb.

---

[1] https://mathshistory.st-andrews.ac.uk/Biographies/Poisson/

1.1. Poisson Dağılımının Olasılık Fonksiyonu

Poisson dağılımı kesikli bir dağılımdır. X rastlantı değişkeni Poisson dağılımına sahip kesikli bir rastlantı değişkeni olmak üzere, X'in olasılık fonksiyonu;

$$X; Poisson(\lambda)$$

$$P(X=x)=\frac{e^{-\lambda}\lambda^{x}}{x!} \qquad (1.1)$$

$$x=0,1,2...$$

Olasılık fonksiyonunda görülen e sayısı, Euler sayısıdır[2] ve hesaplamalarda yaklaşık olarak 2.718 kabul edilmektedir.

Dağılımın tek parametresi olan λ, dağılımın hem ortalamasına hem de varyansına eşittir. Poisson dağılımının, ortalaması ve varyansının birbirine eşit olmasının ispatı şu şekilde ifade edilebilir:

İspat:

$$E(X)=\sum xP(X=x)$$

$$=\sum_{x=0}^{\infty} x\frac{e^{-\lambda}\lambda^{x}}{x!}$$

$$=\lambda e^{-\lambda}\sum_{x=1}^{\infty}\frac{\lambda^{x-1}}{(x-1)!}$$

$$=\lambda e^{-\lambda}e^{\lambda}=\lambda(e^{-\lambda+\lambda})=\lambda(e^{0})=\lambda$$

---

[2] "e" sabitine dolaylı olarak ilk değinen İskoç matematikçi John Napier olmuştur. Napier, 1618'de logaritmalar üzerine yayımladığı bir kitabın ekinde, e sabitini kullanarak bazı hesaplar yapmıştır; fakat sabitin kendisiyle fazla ilgilenmemiştir. e sayısını gerçek anlamda ilk keşfeden Jakob Bernoulli olmuştur. Bernoulli, e sayısını 1683'te birleşik faiz problemini incelerken keşfetmiş ve bu sayının yaklaşık değerini hesaplamıştır. Sabite e ismini veren ise İsviçreli matematikçi Leonhard Euler'dir. Euler ilk olarak 1731'de Christian Goldbach'a yazdığı bir mektupta bu sabitten "e sayısı" diye bahsetmiştir. Euler öncesi ve sonrasında bu sabit için b ve c harfleri de kullanılmışsa da sonuçta kabul edilen isim e olmuştur. Euler e sayısını, virgülden sonra 23. basamağına kadar hesaplayabilmiştir. Günümüzde ise e sayısının milyarlarca basamağı bilinmektedir. e'nin irrasyonel bir sayı olduğu Euler tarafından, aşkın bir sayı olduğu ise Fransız matematikçi Charles Hermite tarafından kanıtlanmıştır. (https://tr.wikipedia.org/wiki/E_say%C4%B1s%C4%B1)

$$E(X^2)=\sum x^2 P(X=x)$$
$$=\sum_{x=0}^{\infty}[x(x-1)+x]\frac{e^{-\lambda}\lambda^x}{x!}$$
$$=\lambda^2 e^{-\lambda}\sum_{x=2}^{\infty}\frac{\lambda^{x-2}}{(x-2)!}+\lambda$$
$$=\lambda^2+\lambda$$
$$V(X)=E(X^2)-[E(X)]^2$$
$$=\lambda^2+\lambda-\lambda^2=\lambda$$
$$V(X)=E(X)$$

Dağılımının asimetri ölçütü;

$\alpha_3=1/\sqrt{\lambda}$ (1.2)

Basıklık ölçütü ise;

$\alpha_4=3+1/\sqrt{\lambda}$'dır.[3] (1.3)

λ, sabit bir zaman diliminde meydana gelen olayların beklenen değeri yani ortalamasıdır. Bu zaman diliminde meydana gelen olayların sayısı bir rastlantı değişkenidir. Olaylar birbirinden bağımsız olarak gerçekleşmektedir. Örneğin bir saat boyunca bir mağazaya giren müşteri sayısı Poisson dağılımı gösteren bir rastlantı değişkenidir. Belirlenen bir saatlik sürenin ardından herhangi bir zaman diliminde, ertesi gün, bir hafta sonra, vb. bir saatlik bir zaman dilimi göz önüne alındığında, mağazaya girecek müşteri sayısı önceki denemeye bağımlı değildir. 9-10 arası mağazaya hiç müşteri gelmez iken, 10-11 arasında 20 müşteri gelebilir. Ertesi gün 9-10 arasında 30 müşteri gelirken, 10-11 arasında 2 müşteri gelebilir. Bu tamamen rastlantısal bir durumdur.

λ ele alınan aralık uzunluğu ile doğru orantılıdır. Örneğin bir kavşakta 1 ayda 12 kaza meydana geldiği biliniyor iken, bir haftalık bir sürede beklenen kaza sayısı, bir ayda 4 hafta olduğu düşünülerek, $\frac{12}{4}=3$'e eşittir. Bir ilçede bir ay içinde nadir bir hastalıktan dolayı vefat edenlerin sayısı 2 ise, bir yıllık bir zaman diliminde beklenen ortalama vefat sayısı; 2*12=24'tür.

Poisson dağılımı nadir olayların dağılımı olarak da adlandırılmaktadır. Genellikle dağılımın ortalaması 0, 1, 2 vb. küçük değerlerdir (elbette λ'nın tam

---

[3] Serper, Ö., Uygulamalı İstatistik, 2010, s:282.

sayı olması gerekmez, nihayet bir ortalama değer olduğu için 0.7, 1.9, vb. küsuratlı değerleri de alabilir, tam sayı karakteri taşıyan X rastlantı değişkenidir, bir bölgeye yarım yıldırım düşmesi, bir gişeye 3.5 kişi gelmesi mümkün olmayacağına daha da önemlisi anlamlı olmayacağına göre, X her zaman tam sayı değerler almaktadır). Poisson dağılımında ortalama büyüdükçe dağılım normal dağılıma yakınsamaktadır. Aşağıda çeşitli λ değerleri üzerinden yakınsamasının örnekleri verilmiştir:

X rd'nin tanım aralığı {0,1...10} olarak belirlenmiştir. Poisson dağılımının bu tanım kümesi için hesaplanan olasılık değerleri aşağıdaki gibidir:

Tablo 1.1. λ'nın Büyüyen Değerleri İçin Poisson Olasılıkları

X	P(X=x) λ=1	P(X=x) λ=2	P(X=x) λ=3	P(X=x) λ=4	P(X=x) λ=5	P(X=x) λ=6
0	0.37	0.14	0.05	0.02	0.01	0.00
1	0.37	0.27	0.15	0.07	0.03	0.01
2	0.18	0.27	0.22	0.15	0.08	0.04
3	0.06	0.18	0.22	0.20	0.14	0.09
4	0.02	0.09	0.17	0.20	0.18	0.13
5	0.00	0.04	0.10	0.16	0.18	0.16
6	0.00	0.01	0.05	0.10	0.15	0.16
7	0.00	0.00	0.02	0.06	0.10	0.14
8	0.00	0.00	0.01	0.03	0.07	0.10
9	0.00	0.00	0.00	0.01	0.04	0.07
10	0.00	0.00	0.00	0.01	0.02	0.04

λ=1 için P(X=x) sütununda yukarıdan 4. gözede yer alan 0.06 olasılık değeri, P(X=3)'tür yani X rd'nin 3 değerini alması olasılığıdır.[4] [5] Örneğin 10 dakikalık bir süreçte bir gişeye gelen müşteri sayısı ortalama 1 kişi ise (λ=1), 10 dakika boyunca 3 müşteri gelme olasılığı 0.06'dır. 10 dakikalık süreçte ortalama 5 müşteri geliyorsa, sadece 1 müşteri gelme olasılığı 0.03'tür (sağdan ikinci sütun, yukarıdan ikinci göze). Ancak olasılık değerlerine bakarak Poisson dağılımının Normal dağılıma yakınsamasını anlamak pek de mümkün değildir, Tablo 2'deki görsellere bakılması söz konusu yakınsamanın daha net görülmesini sağlayacaktır:

---

[4] $\lambda = 1$ olmak üzere; $P(X=3) = \dfrac{2,718^{-1}1^3}{3!} = 0.06$'dır.

[5] Sağdan ikinci sütundaki değerler X! değerleridir. Excel'de faktöriyel hesabı yaptırmak için, "=çıkarınım(...)" fonksiyonu kullanılmaktadır.

Tablo 1.2. Poisson Dağılımının Normal Dağılıma Yakınsaması

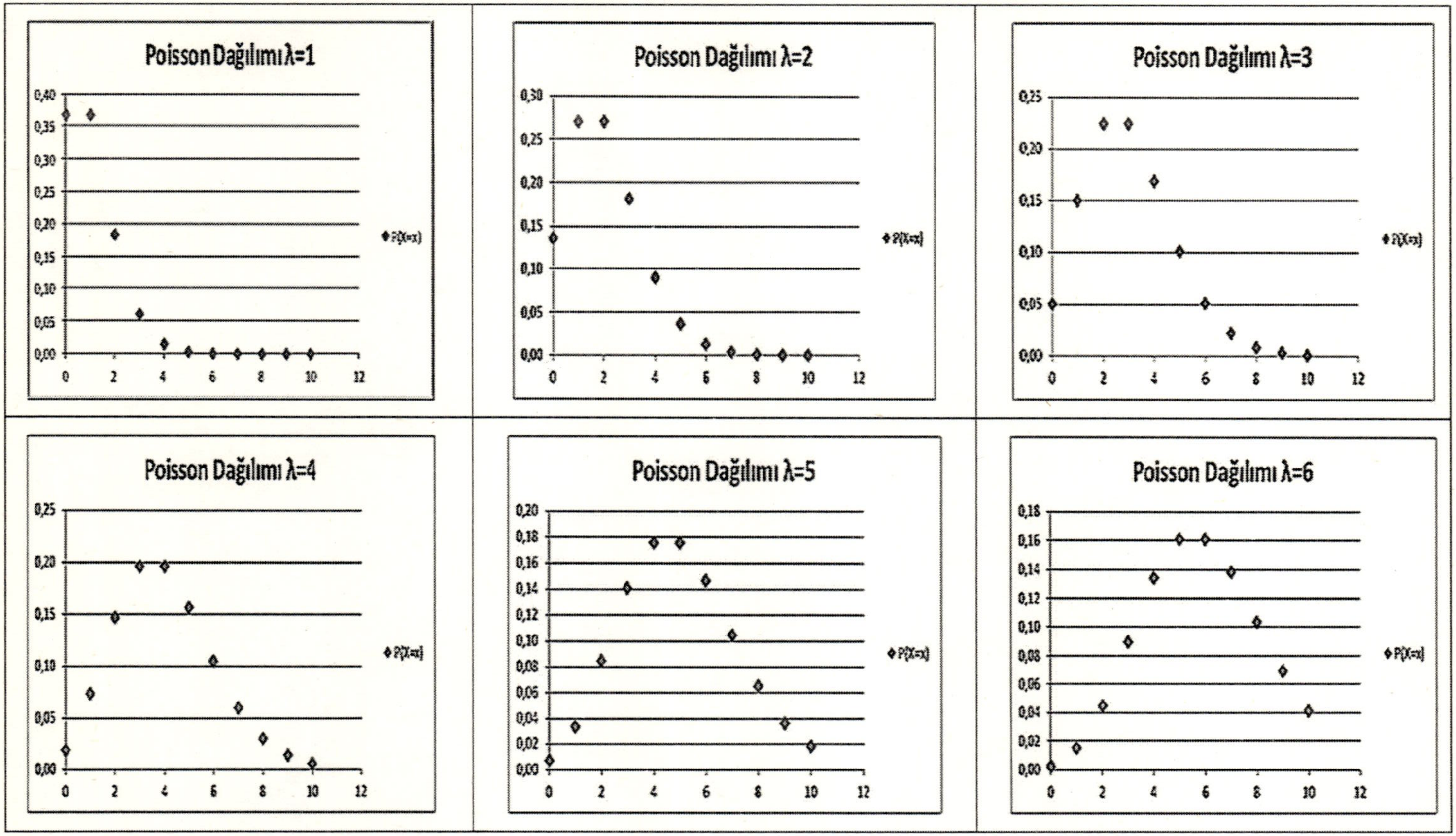

λ sonsuz büyüdüğünde Poisson dağılımı ile Normal dağılım arasındaki ilişki şu şekilde ifade edilebilir:[6]

$$z = \frac{X-\lambda}{\sqrt{\lambda}} \qquad (1.4)$$

1.2. Poisson Dağılımının Birikimli Olasılık Fonksiyonu (CDF)

Birikimli olasılık fonksiyonu X rd'nin olasılık fonksiyonu oluşturulduktan sonra, almakta olduğu değerleri alması olasılıklarının tanım kümesindeki en küçük değerin olasılığından başlayarak sürekli eklemek suretiyle tanım kümesindeki en büyük değerin olasılığının toplanmasıyla (ki bu değer 1'dir) elde edilir. Birikimli olasılık fonksiyonunun formülü aşağıdaki gibidir;

$$P(X \leq x) = F(X) = \frac{\Gamma([x+1],\lambda)}{[x!]}\,[7] \qquad (1.5)$$

Birikimli olasılık fonksiyonu için aşağıdaki özellikler unutulmamalıdır:[8]

- Herhangi bir x için $0 \leq F(x) \leq 1$
- Eğer $x_i < x_k$ ise $F(x_i) < F(x_k)$ olur.

Bir önceki örnek üzerinden X rd'nin birikimli olasılık fonksiyonunu bulalım. Öncelikle X rd'nin olasılık fonksiyonunu yazmalıyız:

$$f(X=x) = \begin{cases} 0,37 & 0 \leq X < 1 \\ 0,37 & 1 \leq X < 2 \\ 0,18 & 2 \leq X < 3 \\ 0,06 & 3 \leq X < 4 \\ 0,02 & 4 \leq X < 5 \\ 0 & 5 \leq X \leq 10 \end{cases}$$

---

[6] Serper, Ö., Uygulamalı İstatistik, 2010, s: 301.

[7] $\Gamma(x,y]$ tamamlanmamış gamma fonksiyonudur. Poisson birikimli değerlerini kullanarak gamma dağılımına ilişkin olasılıkları hesaplayabiliriz (Sınıksaran, E., Teori ve Uygulamalarıyla İstatistiksel Yöntemler, Filiz Kitabevi, ISBN: 975-368-212-3, s:203)

[8] Newbold, P., Carlson, W. L., Thorne, B.M., "İşletme ve İktisat İçin İstatistik", 8. Baskıdan çeviri, s:131.

X rd'nin olasılık fonksiyonu aşağıdaki gibidir:

Şekil 1.1. λ=1 için X Rastlantı Değişkeninin Olasılık Fonksiyonu

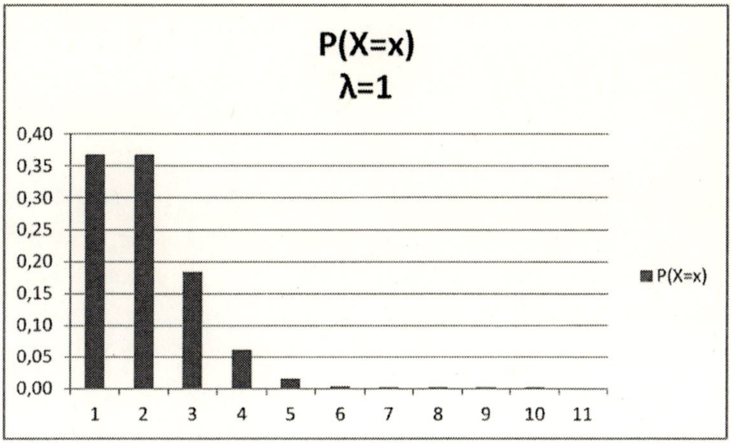

X rd'nin birikimli olasılık fonksiyonu;

$$P(X \le x) = F(X) = \begin{cases} 0,37 & 0 \le X < 1 \\ 0,74 & 1 \le X < 2 \\ 0,92 & 2 \le X < 3 \\ 0,98 & 3 \le X < 4 \\ 1 & 4 \le X < 10 \end{cases}$$

Şekil 1.2. X Rastlantı Değişkeninin Birikimli Olasılık Fonksiyonu

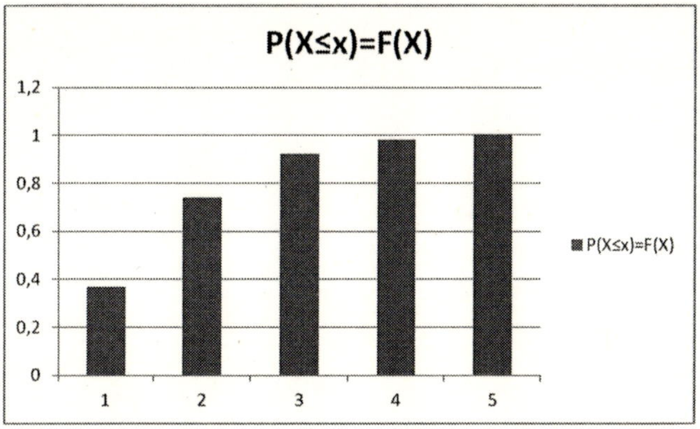

2. Poisson Regresyon Analizi

Poisson regresyon analizi bir olayın belirli bir zaman diliminde veya uzayda (mekânda) kaç defa ortaya çıkacağını modellemeyi amaçlamaktadır. Genelleştirilmiş doğrusal bir model olan Poisson regresyon modeli, özünde klasik regresyon modelinin varsayımlarını sağlamaktadır ancak bir tek farkla klasik modelden ayrı düşmektedir, Poisson regresyon modelinde bağımlı değişken bir sayma verisidir ve Poisson dağılımı (veya Negatif binom, vb. üstel olasılık ailesine dâhil) göstermektedir. Poisson regresyon analizinde, klasik regresyon analizindeki kalıntıların normalliği ve sabit varyanslı olması, bağımlı ve bağımsız değişkenlerin arasındaki ilişkilerin doğrusal olması şeklindeki varsayımların sağlanması gerekli değildir.[9] Tahminler En Çok Olabilirlik yöntemi ile elde edilmektedirler. Y bağımlı değişkeninin türüne göre uygun olan regresyon analizi modelleri Tablo 2.1'deki gibidir:

Tablo 2.1. Y Bağımlı Değişkeni İçin Uygun Olan Regresyon Analizi Modelleri

Y Bağımlı Değişken	Uygun Regresyon Analizi Yöntemi
Sürekli	Klasik doğrusal regresyon analizi
Binary	Lojistik regresyon analizi
Nominal	Multinomial logit regresyon analizi
Ordinal	Ordinal logit regresyon analizi
Sayma verisi (eşit yayılım)	Poisson regresyon analizi
Sayma verisi (aşırı yayılım)	Negatif binom regresyon Analizi

Y bağımlı değişkeninin sayma verisi olması durumunda Poisson regresyon modeli ya da Negatif binom modeli kullanılmaktadır. Bu durum eşit yayılım veya aşırı yayılım durumuna bağlı olarak değişmektedir.

---

[9] Coxe, S., West, S. G., & Aiken, L. S. (2009). The analysis of count data: A gentle introduction to Poisson regression and its alternatives. *Journal of Personality Assessment, 91*(2), 121–136.

Eşit yayılım olmasından yola çıkarak, Poisson regresyon analizinde Y bağımlı değişkeni küçük değerlerde yoğunlaşan, negatif olmayan y: 0,1,2..... şeklinde tam sayı değerler almaktadır. "Sayma veri regresyon modelleri kesikli regresyonun özel bir türüdür. Negatif olmayan kesikli değerlerden oluşur."[10] Örneğin, belirli bir zaman diliminde belirli bir bölgede meydana gelen sel taşkınlarının sayısı, belirli bir okulda yaşları 6-10 yaş arasında olan öğrencilerin sayısı, belirli bir zaman diliminde bir mağazaya giren müşteri sayısı, belirli bir tedavi uygulandıktan sonra ele alınan zaman diliminde bahsi geçen hastalıktan kurtulanların sayısı, bir sigorta şirketine kayıtlı olan kişilerden bir yıl süresince vefat edenlerin sayısı, belirli bir zaman diliminde kütüphaneye gelen öğrencilerin sayısı, bir müşterinin sahip olduğu banka kartlarının sayısı, bir ilçede bir ay süresince meydana gelen elektrik kesintilerinin sayısı, vb. değişkenler, sürekli uzayda kesikli olayların dağılımına, yani, Poisson dağılımına sahiptirler.

Poisson regresyon analizinde Y bağımlı değişkeni Poisson dağılımı gösteren bir sayma verisi olmak üzere, bağımsız değişkenler nominal, ordinal veya scale özellikte yani sürekli ve(ya) kategorik olabilirler. Bağımsız değişkenlere (X'lere) dayanarak, bir sayma verisi olan Y tahmin edilmeye çalışılır. Poisson regresyon analizinin varsayımları şu şekilde sıralanabilir:

* Y Bağımlı değişkeni bir sayma verisidir ve Poisson dağılımı göstermektedir.
* Sadece pozitif ve tamsayı değerler alabilir; y : 0,1,2....k.
* Y'nin ortalaması ve varyansı birbirine eşittir, Poisson dağılımının ortalaması ve varyansına karşılık gelen sadece bir tane parametresi vardır ve bu da genellikle " λ" simgesi ile ifade edilmektedir.

$$Y_i ; Poisson(\lambda_i) \qquad (2.1)$$

$$P(Y_i = y_i / \lambda_i) = \frac{e^{-\lambda_i} \lambda_i^{y_i}}{y_i !}, \qquad y_i = 0,1,2,3,\ldots \qquad (2.2)$$

$$\lambda_i = E(y_i / x_i) \geq 0 \qquad (2.3)$$

$$y! = y(y-1)(y-2)......1 \qquad (2.4)$$

---

[10] Dinarcan, G. N., (2018), SAYMA VERİSİ İÇİN REGRESYON MODELLERİ VE BİR UYGULAMA, Hacettepe Üniversitesi, YL Tezi, Ankara, s:9.

X açıklayıcı değişkenleri sürekli veya kategorik olabilirler. Denemeler birbirinden bağımsızdırlar.

Poisson regresyon modeli ortalama parametresi λ ile kovaryantları (regressörleri, açıklayıcı yani bağımsız değişkenleri) olan X'ler ile arasındaki ilişkilerin parametrize edilmesi (modellenmesi) maksadıyla Poisson dağılımından türetilmiştir[11]. Y bağımlı değişkeni X_i'ye bağlı olarak değer almaktadır, bir başka ifadeyle X_i'nin fonksiyonudur diyebiliriz.

$$\lambda_i = \exp(X_i'\beta) \geq 0 \qquad i=1,2\ldots n \tag{2.5}$$

(y_i/x_i) gözlemleri bağımsız olmak üzere en uygun tahminci maximum benzerliktir (maximum likelihood). Log-benzerlik fonksiyonu[12];

$$\ln L(\beta) = \sum_{i=1}^{n} \left\{ y_i x_i'\beta - \exp(x_i'\beta) - \ln y_i! \right\} \tag{2.6}$$

2.5 nolu eşitlik şu şekilde yazılabilir:

$$\lambda_i = e^{b_0 + b_1 X_1 + b_2 X_2 + \ldots b_k X_k} \tag{2.7}$$

X'ler arttığında λ_i'ler de üstel olarak artmaktadırlar. 2.7 nolu eşitliği doğrusal bir hale getirirsek:

$$\ln(\lambda_i) = b_0 + b_1 X_1 + b_2 X_2 + \ldots b_k X_k \tag{2.8}$$

Logaritmik denklem doğrusal denkleme dönüştürülmüştür. Poisson regresyon modeline log-lineer model denmesinin sebebi budur. Denklemin her iki tarafının logaritması alındığında doğrusal bir hale gelmektedir. Doğrusal denklemlerle çalışmak, açıklayıcı değişkenlerin aralarındaki ilişkileri ve bağımlı değişken üzerindeki etkilerini yorumlamayı daha kolay bir hale getirmektedir.

Değişkenlerin marjinal etkileri şu şekilde bulunabilir:[13]

$$\frac{\partial E(y_i / x_i)}{\partial x_{ik}} = \lambda_i \beta_k \Leftrightarrow \beta_k = \frac{\partial E(y_i / x_i)}{\partial x_{ik}} = \frac{1}{E(y_i / x_i)} \tag{2.9}$$

---

[11] C. Cameron & Trivedi, 2007, p:3

[12] A.g.e., p:3

[13] Magazzini, (2020), http://www.phdeconomics.sssup.it/documents/Magazzini_Count2014.pdf, p:5.

Poisson regresyon analizinde katsayıların yorumlanması, doğrusal modeldeki gibi doğrudan yapılamaz. Doğrusal modelde, X'teki bir birimlik değişimin Y'de ortalama olarak meydana getireceği değişim kolayca söylenebilir. Poisson regresyon analizinde ise katsayıların yorumları şu şekilde yapılır açıklayıcı değişkenin Y üzerindeki etkisini bulmak için tahmin edilen betaların exponansiyel değeri alınır. exp(β)'ya IRR (incidence rate ratio) denir. Örneğin Y bağımlı değişkeni bir akademisyenin 1 yılda yazdığı makale sayısı, X1: medeni durum, X2: çocuk sayısı, X3:cinsiyet şeklinde tanımlanmış olsun. β'lara ilişkin IRR değerlerini yorumlayalım:

Açıklayıcı Değişken	IRR=exp(β)
Evli	1.125
Çocuk sayısı	0.81
Kadın	0.76

Evli olmanın makale yazma oranında pozitif bir etkisi vardır. Evliler, bekârlara göre makale yazmada %12.5 oranında daha üretkendirler.

Çocuk sayısı makale yazmayı olumsuz etkileyen bir faktördür. Her bir ilave çocuk, makale yazma oranını 0.81 ile çarpmaktadır yani bir çocuğu olan bir akademisyen, hiç çocuğu olmayan bir akademisyenin %81'i kadar makale yazmaktadır.

Kadın olmanın makale yazma üzerinde azaltıcı bir etkisi vardır. Kadınlar erkeklerin yazdığı makalenin %76'sını yazmaktadırlar, yani %24 oranında daha az yayın üretmektedirler.[14]

IRR'leri yorumlarken, 1 çıkarıp sonucu 100 ile çarparak daha kolay bir şekilde yorumlamak mümkündür. (0.76-1)*100= -0.24%, kadınların erkeklere göre %24 oranında daha az makale yazdıkları söylenebilir. (1.125-1)*100=12.5%, evlilerin makale yazma oranı bekârlara göre %12.5 daha fazladır.

Sayma verisi modellerin katsayı yorumları bu şekilde yapılmaktadır.

Poisson regresyon analizinde Y'nin varyansının λ_i'ye eşit olması durumu eşit yayılım (equidispersion), λ_i'den büyük olması ise aşırı yayılım (overdispersion) olarak adlandırılmaktadır. Varyans > ortalama ise aşırı yayılım vardır. Nadiren de olsa varyansın ortalamadan küçük olduğu yani az yayılım

[14] Veriler kurgusaldır.

(underdispersion) gibi tersi durumlarla da karşılaşılabilir. Sosyal bilimlerde ve tıbbi uygulamalarda en sık rastlanılan durum aşırı yayılım durumudur.

Sayma verisi regresyon analizinde ilk adım, Y bağımlı değişkeninin Poisson dağılımına uygun olup olmadığına bakmaktır. Bunun için ortalama ve varyansının eşit olup olmadığına bakılabilir. Fakat uygulamada tam tamına bir eşitlikle karşılaşmak her zaman mümkün olmayabilir, örneğin Y'nin ortalaması 5.06 iken varyansı 6.2 bulunabilir ve Poisson dağılımına uygun olabilir. Bazı örneklerde aşırı yayılım olduğu, dağılımın Poisson olmadığı, varyansın ortalamayı kat be kat aşan değeri ile kolayca tespit edilebilmektedir. Fakat bu değerler eşit değil ama çok yakın ise, istatistiksel olarak anlamlılık sınırlarında Poisson dağılımına uyum sağlayıp sağlamadığı Kolmogrov-Smirnov tek örneklem testi ile anlaşılabilir.

Y'nin dağılımı tespit edildikten sonraki adım, eğer eşit yayılım (equidispersion) var ise yani ortalama ve varyans eşitse, Poisson dağılıma uyum sağlanmıştır, Poisson regresyon modeli (PRM) tahmin edilerek katsayıları yorumlanır. Fakat yine de modelin geçerli olabilmesi için aşırı yayılım olup olmadığını test etmekte fayda vardır. Bazı durumlarda Poisson dağılımına uygun olsa bile aşırı yayılım durumu ile karşılaşılabilmektedir.

Aşırı yayılım genellikle Cameron-Trivedi (Fallon, 2014) testi[15] ile test edilebilir. Cameron-Trivedi testinin yokluk hipotezi;[16]

$$h_1 : \alpha \neq 0 \tag{2.11}$$

$$V(y_i / x_i) = \lambda_i + \alpha g(\lambda_i) \tag{2.12}$$

Burada α bilinmeyen bir parametredir, g(.) bilinen bir fonksiyondur. Genellikle $g(\lambda)=\lambda$ veya $g(\lambda)=\lambda^2$ kabul edilir. $\alpha=0$ ise $V(y_i / x_i) = \lambda_i$ olacaktır. Bu nedenle $h_0 : \alpha = 0$ $h_1 : \alpha \neq 0$ şeklinde kurulur.

$\hat{\lambda}= \exp(x_i^{'}\beta)$ olmak üzere; (2.13)

$$\frac{(y_i - \lambda_i)^2 - y_i}{\lambda_i} = \alpha \frac{g(\lambda_i)}{\lambda_i} + u_i \tag{2.14}$$

---

15 Cupal, M., Deev, O., Linnertova, D., (2015), The Poisson Regression Analysis for Occurrence of Floods, Procedia Economics and Finance 23, p:1501.

16 C. Cameron & Trivedi, 2007, p:5

u_i hata terimidir. Klasik OLS tahmini yapılarak elde edilen t istatistikleri normalliği sağlıyorsa H_o yokluk hipotezi kabul edilir, yani α=0'dır, aşırı yayılım yoktur ve bu durumda Poisson regresyon analizi kullanılabilir. Eğer yokluk hipotezi reddedilirse, Poisson regresyon analizi yerine Negatif binom regresyon modelinin tercih edilmesidir, çünkü α sıfırdan farklı ise Poisson dağılmamaktadır, $V(y_i / x_i) = \lambda_i + \alpha g(\lambda_i)$ olacağı için, varyans ortalamayı aşacaktır. Şayet aşırı yayılım olduğunda bu durum göz ardı edilirse ve Poisson model ile tahmin yapılırsa, parametrelerin standart hataları olduğundan daha küçük hesaplanarak 1.tip hataya sebep olacaktır.[17] Aşırı yayılımla karşılaşıldığında, görece daha küçük varyansa sahip Poisson model yerine, daha büyük varyans ile baş edebilen Negatif binom modeli tercih edilmelidir.

Aşırı yayılım sorunu genellikle veride kümelenmeler var ise ortaya çıkmaktadır. Bir orman sahasını düşünelim; hastalıklı ağaçlar bir yere toplanmış olabilirler ve diğer kısımlarda hiç hasta ağaç olmayabilir. Böyle bir veri Poisson dağılımı için aşırı yayılım sorununa sebep olabilir.

Kümelenme neticesinde veride sıfır enflasyonu denen durum (veride peş peşe sıfırlar, uzun boşluklar) ile birlikte aşırı yayılıma sebep olan diğer hususlar; eksik tanımlanma (bağımlı değişkeni açıklamada önemli olan açıklayıcı değişkenlerin modele alınmamış olmaları, sabit terimin modele alınmamış olması) ve(ya) modelin doğrusal olmadığı halde doğrusalmış gibi tahmin yapılmasından kaynaklanmış olabilir. Sıfır enflasyonu sorununa daha sonra ayrıntısıyla değinilecektir, ancak şimdilik kısaca açıklayacak olursak, verideki uzun boşluklar (peş peşe sıfır değerleri) olayın gerçekleşmediği yani non-occurance denilen durumun ortaya çıkmasıdır. Olayın gerçekleşmesinden önce belirli bir eşiğin aşılması (hurdle modeller) ve olayın bundan sonra gerçekleşeceği öngörülebilir. Aşırı sıfırlı (sıfır enflasyonlu, zero inflated) veri söz konusu olduğunda model mix bir model halini alır, önce eşiği aşma olasılıkları hesaplanır, sonrasında yani eşik geçildiğinde kaç tane olayın gerçekleştiği Poisson veya Negatif binom regresyon modelleri ile tahmin edilir.

PRM (Poisson regresyon modeli) ve NBRM (Negatif binom regresyon modeli) genellikle sabit bir zaman aralığında veya uzayda meydana gelen olayların sayısı için kullanılmalarına rağmen bazı olaylar aynı uzunluktaki zaman periyodunda gerçekleşmeyebilirler. Bir hastalıktan kurtulma değişik kişilerde farklı uzunlukta gerçekleşebilir, bir hasta için 2 ay sürebilirken, bir başka hasta için 3 ayı bulabilir. Böyle durumlarda yani zamanı sabit kabul etmenin uygun

[17] 1.tip hata, gerçekte doğru olan yokluk hipotezinin reddedilmesidir.

olmadığı durumlarda denge değişkeninden (ancillary parameter) faydalanılabilir. Denge değişkeni, gözlemlenen olayların farklı meydana gelme düzeylerini hesaba katarak bu sorunun çözülmesini sağlamaktadır. Denge değişkeni regresyon katsayısı 1 olarak sabitlenmek üzere, zamanın sabitlenememesine neden olan değişkenin doğal logaritmasının alınmasıyla türetilen değişkendir.[18]

Model uyumunun değerlendirilmesi:

Uyum iyiliği ölçütü olarak düzeltilmiş deviance değerine bakılır, D, deviance ifade etmek üzere; [19]

$$D = 2[L(y_i) - L(\lambda_i)]$$

Düzeltilmiş D'nin[20] yani D/(n-k-1)'nın[21] 1'den büyük olması aşırı yayılım şüphesi gerektirir. Şüphe gerektirir çünkü kesin değildir. Düzeltilmiş deviance değerinin 1'den çok büyük olmadığı durumlarda aşırı yayılım bir sorun yaratmayabilir ve Poisson modelin tahminler geçerlidir.[22] Dolayısıyla uyum iyiliği tablosunda Pearson Ki-kare değerine de bakılmalıdır. Şayet yokluk hipotezi kabul edilirse model geçerlidir, aksi halde başka modeller denenmelidir. Örneğin düzeltilmiş deviance değeri 1.15 ise ve Ki-kare hesap değeri n-k-1 sd li Ki-kare tablo değerini aşmıyorsa, poisson model ile devam edilebilir. Düzeltilmiş deviance değeri 1'e eşitse eşit yayılım, 1'den küçükse az yayılım göstergesidir fakat az yayılım nadiren rastlanılan bir durumdur.[23]

Uyum iyiliği test edildikten sonra, parametrelerin anlamlılıkları omnibus test ile test edilir, yani bu değişkenler gerçekten de Y'yi açıklamakta yetkin midirler, yoksa istatistiksel olarak anlamsız mıdırlar? Omnibus test ile model uyumu LR ki kare testi sonuçlarına bakılarak yapılmaktadır. LR testi tüm açıklayıcı değişkenlerin olduğu modelin mi (full model, kapsamlı model) yoksa sadece otonom parametrenin olduğu modelin (null model) mi daha uygun olduğunu araştırmaktadır, yani yuvalanmış iki model arasından hangisinin uygun olduğunu tespit etmeye yarar (yuvalanmış model, biri diğerinin özel bir hali olan

---

[18] Bkz. "Son Bölüm: Örnek 8"

[19] https://ncss-wpengine.netdna-ssl.com/wp-content/themes/ncss/pdf/Procedures/NCSS/Negative_Binomial_Regression.pdf, p:326.

[20] Adjusted deviance

[21] S.d.=n-k-1'dir, bazı kaynaklarda otonom parametre de dahil edilerek "n-p" kullanılmaktadır.

[22] Bkz. "Son Bölüm: Örnek 9"

[23] https://www.icpsr.umich.edu/CrimeStat/files/CrimeStatAppendix.D.pdf, p:D-13.

modellerdir). Testin yokluk hipotezi, küçük modelin kapsamlı modelden daha uygun olduğunu ifade etmektedir. Şayet yokluk hipotezi reddedilirse büyük modelin uygun olduğu kabul edilir.[24]

Sayma verisi modelleri arasında tercih yapılırken bir takım kesin kurallar vardır yani Y aşırı yayılıma sahipse poisson model kullanamayız, fakat eşit yayılımın olmadığı durumlarda aşırı sıfır durumunun da eşlik etmesi sonucunda zip model mi, hurdle model mi, v.b. birden çok sayıda model tahmin etmemiz gerekebilir. Alternatif modeller arasında en uygun modelin belirlenmesi için AIC (Akaike bilgi kriteri) ve BIC (Bayesyen bilgi kriteri) değerleri yol gösterici ölçümlerdir. Alternatif modeller arasında AIC ve BIC değeri minimum olan model, tahmin edilen modeller arasında en iyi modeldir, bir diğer deyişle seçilen model eldekilerin en iyisidir yani ne eksik belirlenmiş ne de fazla belirlenmiştir, kapsadığı değişkenler ne eksik ne de fazladır. Fakat bu durum sadece mevcut modeller için geçerli olup, mutlak bir sonuç değildir. Başka değişkenler ve(ya) veri seti kullanıldığında geçerli olmayabilir. AIC bilgi kriteri[25];

$$\text{AIC} = -2 \log \text{likelihood} + 2k \qquad (2.15)$$

k; parametre sayısıdır. Log benzerlik modele uyumun ölçümüdür. Ne kadar büyük olursa AIC o kadar küçük bulunacağı için, AIC'si en küçük olan model en uygun modeldir.

$$\text{BIC} = -2 \log \text{likelihood} + k \ln(n) \qquad (2.16)$$

n gözlem sayısıdır, k tahmin edilen modeldeki parametre sayısıdır. BIC'si en küçük olan model en uygun modeldir.

---

[24] **LR testinin uygulanışı:** Kıyaslanacak modellerin benzerlik oranları bulunur ve aşağıdaki formül ile log benzerlik oranı hesaplanır:

$$\text{LR} = -2\ln\left(\frac{L_{nested(\hat{\theta})}}{L_{kapsamlımodel(\hat{\theta})}}\right)$$

LR istatistiği Ki-kare dağılımına uyar, serbestlik derecesi ise kıyaslanan modellerin parametre sayılarının farkı kadardır.

[25] Phang, Loh(2013), Zero Inflated Models for Overdispersed Count Data, World Academy of Science, Engineering and Technology International Journal of Health and Medical Engineering Vol:7, No:8, p:1332.

3. Negatif Binom Dağılımı

Sadece iki mümkün sonucu olan Bernoulli denemelerini esas alan Negatif binom dağılımında, deneme sayısı bir rastlantı değişkeni olmak üzere, herhangi bir olayın r. kez meydana gelmesi için denemenin kaç kez yinelenmesi gerektiği Negatif binom dağılımına uymaktadır. Bir paranın 2 kez yazı gelene kadar kaç defa atılması gerektiğini bunu baştan bilemeyiz, bir zarın üst yüzünde 5 kez 1 gelmesi için zarın kaç defa atılması gerekmektedir? Bu gibi olaylar Negatif binom dağılımı göstermektedirler. Dağılımın bir diğer ismi de Pascal dağılımıdır. Dağılımın isminin negatif olmasının sebebi negatif bölgede tanımlı olmasından kaynaklanmamaktadır, kesinlikle böyle bir durum yoktur, negatif isminin kaynağı, Binom dağılımının bir kısmını tersten ele alıyor olmasındandır. Binom dağılımında belirli bir denemede ortaya çıkan başarıların olasılığı hesaplanırken, Negatif binom dağılımında belirli bir başarı ortaya çıkana kadar gerçekleşen başarısızlıkların olasılığının hesaplanmasındandır.

Başarı olasılığı p olmak üzere, r. başarıyı elde etmek için yapılması gereken deneme sayısı bir X rastlantı değişkeni ise, X'in belirli bir x değerini alma olasılığı şu şekilde hesaplanabilir:[26] x. denemede r. başarıya[27] ulaşılacağına göre, bundan önceki (x-1) denemede (r-1) kez başarı elde edilmiş demektir. Negatif binom dağılımının olasılık fonksiyonu aşağıdaki gibidir:

$$P(X=x)=f(x;r,p)=\binom{x-1}{r-1}p^r(1-p)^{x-r} \quad x=r, r+1, r+2,\ldots.. \qquad (3.1)$$

"Binom dağılımında belirli sayıda deneme sonucunda elde edilecek başarı sayısı rastlantı değişkeni iken, Negatif binom dağılımında rastlantı değişkeni, belirli sayıda başarı elde etmek için yapılması gerekli deneme sayısıdır. Diğer

---

[26] Sınıksaran, E., Teori ve Uygulamalarıyla İstatistiksel Yöntemler, İstanbul, 2001, s:197.

[27] Geometrik dağılım r=1 ile Negatif binom dağılımının özel bir halidir. Yani bir olayın r. kez değil, ilk kez meydana gelmesi için gerekli olan deneme sayısını esas alır.

bir deyişle Binom dağılımında deneme sayısı sabit, başarı sayısı değişken iken Negatif binom dağılımında başarı sayısı sabit, deneme sayısı değişkendir."[28]

Negatif binom dağılımı bazen genel geçer formülüne tersten bir yaklaşım kullanılarak, yani x denemede r. başarı yerine, r. başarıdan önceki başarısızlıklar üzerinden şu şekilde ifade edilmektedir:[29]

Y rastlantı değişkeni r. başarıdan önceki başarısızlıkların sayısı olmak üzere;

$$P(Y=y)=\binom{r+y-1}{y}p^r(1-p)^y \quad y=0,1,2....$$

$$\binom{r+y-1}{y}=(-1)^y\binom{-r}{y}=(-1)^y\frac{(-r)(-r-1)(-r-2)......(-r-y+1)}{y(y-1)....3.2.1}$$

$$\sum_y P(Y=y)=1$$

$$(1+t)^{-r}=\sum_k\binom{-r}{k}t^k=\sum_k(-1)^k\binom{r+k-1}{k}t^k$$

Dağılımın ortalaması;

$$E(Y)=\sum_{y=0}^{\infty}y\binom{r+y-1}{y}p^r(1-p)^y$$

$$=\sum_{y=0}^{\infty}\frac{(r+y-1)!}{(y-1)!(r-1)!}p^r(1-p)^y$$

$$\sum_{y=0}^{\infty}\frac{r(1-p)}{p}\binom{r+y-1}{y-1}p^{r+1}(1-p)^{y-1}$$

$$=\frac{r(1-p)}{p}\sum_{z=0}^{\infty}\binom{r+1+z-1}{z}p^{r+1}(1-p)^z$$

$$=r\frac{1-p}{p}=\frac{rq}{p} \qquad (3.2)$$

---

[28] Sınıksaran, E., a.g.e., s:198.

[29] http://www.math.ntu.edu.tw/;hchen/teaching/StatInference/notes/lecture16.pdf

Dağılımın varyansı;

$$V(Y)=\frac{rq}{p^2} \tag{3.3}$$

Dağılımın moment çıkaran fonksiyonu;

$$M(t)=E(e^{tx})=\frac{(pe^t)^r}{\left[1-(1-p)e^t\right]^r} \tag{3.4}$$

Önerme: X ve Y aynı p başarı olasılığına sahip fakat X'in şekil parametresi yani (r'si) j, Y'ninki ise k olan bağımsız rastlantı değişkenleri olsunlar. Bu durumda X+Y aynı p başarı olasılığına sahip, şekil parametresi ise j+k olacaktır.[30]

İspat: $P(X+Y=s)=\sum_{x=0}^{s}P(X=x)P(Y=s-x)$

$$=\sum_{x=0}^{s}\binom{x+j-1}{x}p^j(1-p)^x\binom{s-x+k-1}{s-x}p^k(1-p)^{s-x}$$

$$=p^{j+k}A(s)(1-p)^s$$

$$A(s)=\sum_{x=0}^{s}\binom{x+j-1}{x}\binom{s-x+k-1}{s-x}$$

$$\sum_{s=0}^{\infty}p^{j+k}A(s)(1-p)^s=1$$

$$p^{-(j+k)}=\sum_{s=0}^{\infty}A(s)(1-p)^s$$

$$p^{-(j+k)}=\sum_{s=0}^{\infty}\binom{s+j+k-1}{s}(1-p)^s$$

$$A(y)=\binom{s+j+k-1}{s}$$

$$A(y)=X+Y. \tag{3.5}$$

---

[30] Larsen, J., Probability Theory&Statistics, Roskilde University, 2006, pp:56-57.

Teorem:[31] Y_1, Y_2, ...Y_n birbirinden bağımsız ve Negatif binom dağılımına sahip rastlantı değişkenleri olmak üzere yani $Y_1, Y_2....Y_n; NB(r_i, p)$, $\sum_{i=1}^{n} Y_i; NB(nr, p)$'dir.

Negatif binom dağılımının olasılık fonksiyonunun görünüşü için bir örnek verelim; $X; f(100, 4, 0.2)$ olmak üzere;

RStudio'da komut satırına; x=dnBinom(0:100,4,0.2) yazılarak aşağıdaki grafik elde edilir: (Bu örnekte deneme sayısı x=100, başarı sayısı r=4, başarı olasılığı p=0.2 alınmıştır)

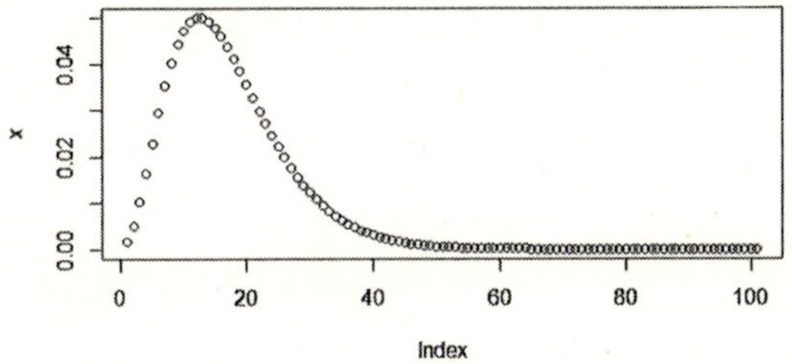

x=dnBinom(0:100,10,0.2)

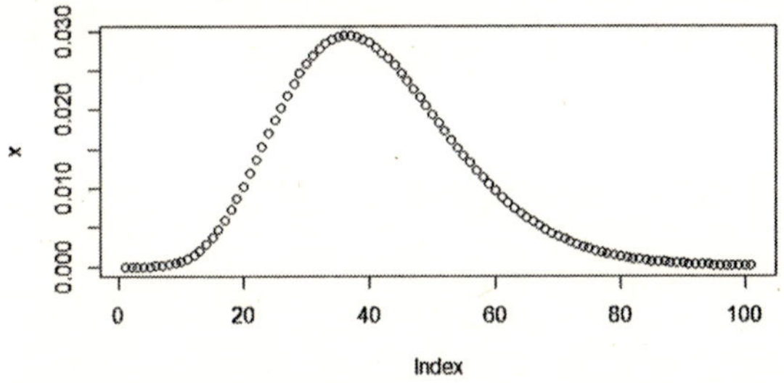

x=dnBinom(0:100,20,0.2)

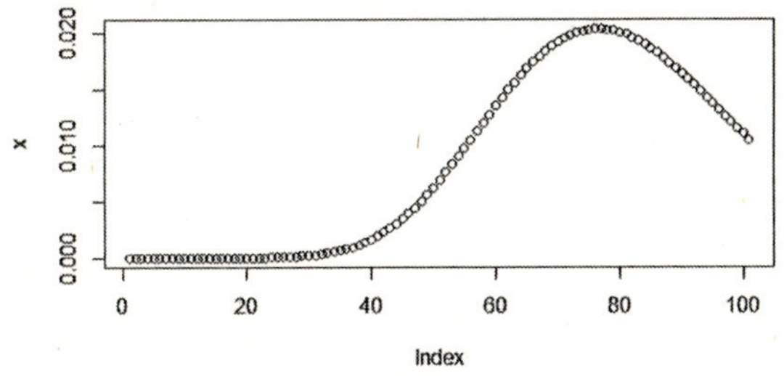

[31] Olive, D.J., (2012), A Course in Statistical Theory, Southern Illinois University Department of Mathematics, p:63.

Başarı sayısı ve deneme sayısı dağılımın şeklini değiştirmezken, başarı olasılığı değiştirmektedir. Başarı sayısının artması grafiğin görüntüsü değiştirmeden sağa doğru kaymasına sebep olurken, başarı olasılığının büyümesi dağılımın şeklini değiştirmektedir.

Tablo 3.1. Değişen Başarı Sayıları, Deneme Sayıları ve Başarı Olasılıklarının Negatif Binom Dağılımının Olasılık Fonksiyonuna Etkileri

x=dnBinom(0:100,4,0.2)	x=dnBinom(0:100,4,0.5)
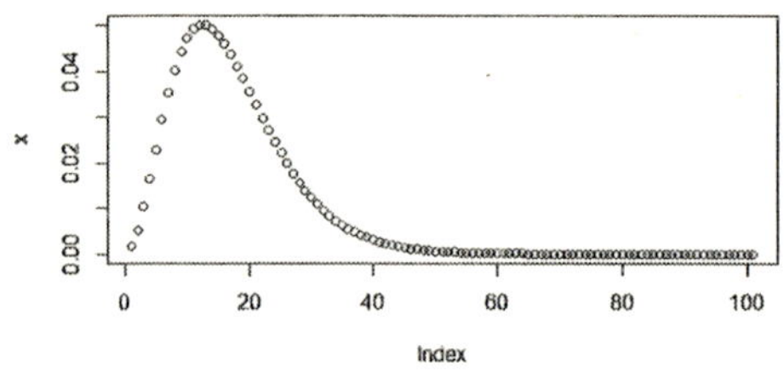	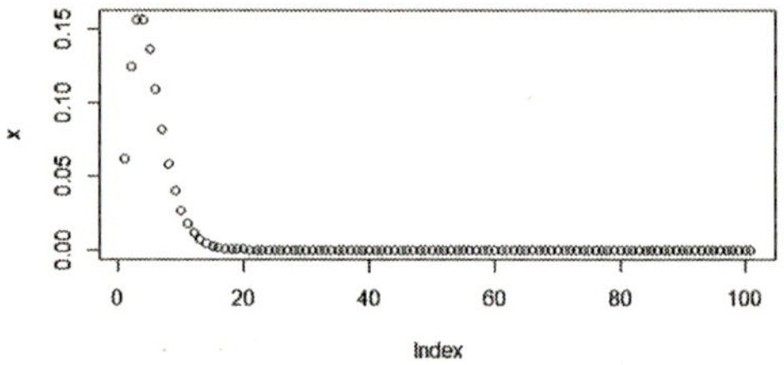
x=dnBinom(0:100,10,0.2)	x=dnBinom(0:100,10,0.5)
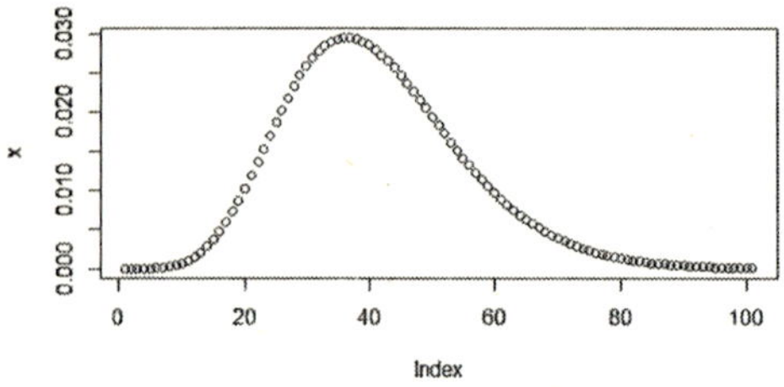	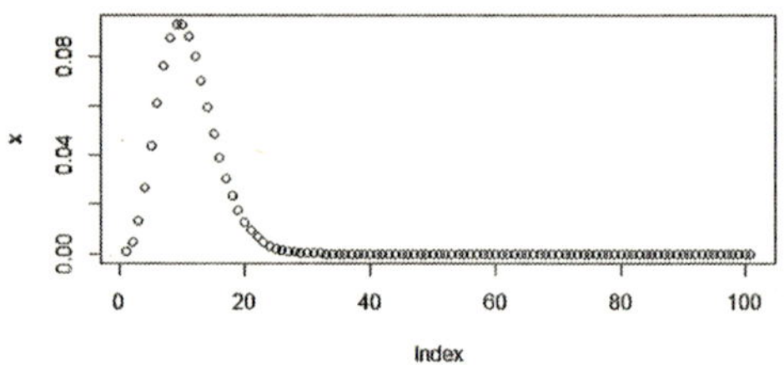
x=dnBinom(0:100,20,0.2)	x=dnBinom(0:100,20,0.5)
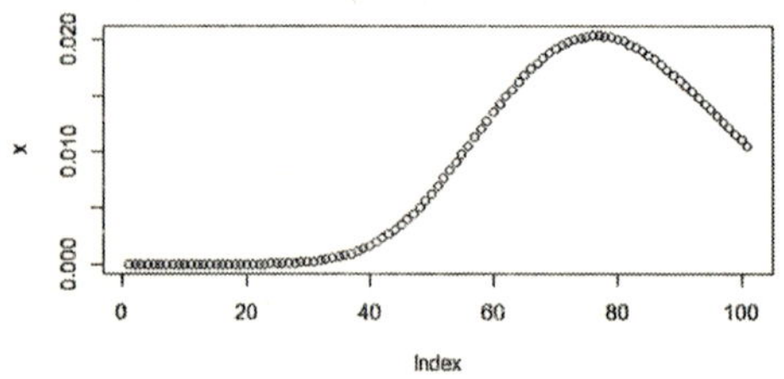	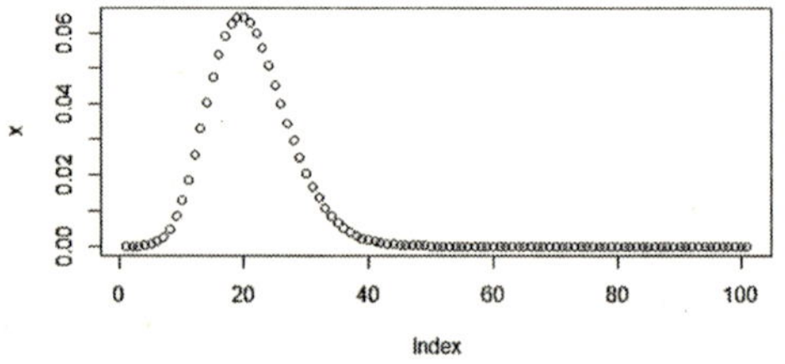

Deneme sayısı ve başarı sayısı aynı iken, başarı olasılığının artması yayılımın azalmasına, başarı olasılığının azalması ise yayılımın (varyansın) artmasına sebep olmaktadır. Tabloda aynı deneme sayısı ve aynı başarı sayısına sahip ama başarı olasılıklarının farklı olduğu durumlarda X rastlantı değişkeninin varyansının değişimi sayısal olarak da gösterilmiştir:

Tablo 3.2. Deneme Sayısı ve Başarı Sayısı Aynı İken Başarı Olasılıklarının Farklı Olduğu Durumlarda X Rastlantı Değişkeninin Varyansının Değişimi

X (deneme sayısı)	r (başarı sayısı)	p (başarı olasılığı)	$V(X)=\frac{r(1-p)}{p^2}$
50	5	0.1	450
50	5	0.2	100
50	5	0.3	38.88
50	5	0.4	18.75
50	5	0.5	10
50	5	0.6	5.55

4. Negatif Binom Regresyon Analizi

Sayma verilerinin modellenmesi denildiğinde ilk akla gelen yöntem Poisson regresyon analizidir. Bağımlı değişkenin Poisson dağılımına sahip olmasını gerektiren bu yöntem, otomatik olarak varyansı da ortalamanın bir fonksiyonu haline getirmekte, ortalama ve varyansın eşit olma şartını koymaktadır. Sosyal bilimlerde ortalama ve varyansın tam eşitliğinin sağlanabildiği durumlar ise oldukça enderdir. Genellikle varyansın ortalamayı aştığı, yani aşırı yayılım olarak adlandırılan durumlarla çok daha fazla karşılaşılmaktadır. Varyansın ortalamadan düşük olduğu, az yayılım durumu ise en az rastlanan durumdur.

Negatif binom dağılımı sayma verisinde aşırı yayılım durumunda yani varyansın ortalamadan büyük olduğu, artık Poisson dağılımının uygun olmadığı durumda kullanılır. Dağılımın varyansı:

$$r = \frac{1}{\alpha}$$

$$Var(Y) = \lambda + \frac{\lambda^2}{r} = \lambda + \alpha\lambda^2 \quad (4.1)$$

[32]

$\lambda>0$, $r>0$

r; modelin yayılım parametresidir.

(4.1)'den görüldüğü üzere, NBD'nin varyansı daima Poisson dağılımının ortalaması λ'dan büyüktür. (λ'ya hiçbir zaman negatif olmayan $\frac{\lambda^2}{r}$ eklenmektedir). Şayet, r sonsuza yaklaşırsa ancak o zaman $\delta^2 = \lambda$ olur ve Poisson dağıldığı söylenebilir. Peki, sayma verisini modellemek için PRM mı yoksa NBRM mı kullanmamız gerektiğine nasıl karar vereceğiz?

[32] Piegorsch, W., (1990), Maximum Likelihood Estimation for the Negative Binomial Dispersion Parameter. Biometrics, 46(3), p:863.

Sayma verisi modellerinden hangisinin tercih edileceği, bağımlı değişken Y'nin sahip olduğu dağılıma bağlıdır. Negatif binom regresyon analizinde, bağımlı değişken Y'nin Negatif binom dağılımına sahiptir. Poisson regresyon analizinde bağımlı değişken Y'nin varyansının λ_i'ye eşit olması eşit yayılım (equidispersion), λ_i'den büyük olması ise aşırı yayılım (overdispersion) olarak adlandırılmaktadır. Varyans>ortalama ise aşırı yayılım vardır.

Y'nin dağılımını tespit etmek için en basit kural, sayma verisinin yani Y'nin ortalamasının ve varyansının eşit olup olmadığına bakmaktır. Şayet Poisson dağılıma sahipse eşit olması gerekir. Tam tamına eşit olması çok nadir rastlanılan bir durum olduğu için, işlemleri bir adım daha ileri götürerek, anlamlılık sınırları içinde Poisson dağılımına uygun olup olmadığını tek örneklem Kolmogrov-Smirnov testi ile anlayabiliriz. Kolmogrov-Smirnov testi bir uyum iyiliği testidir ve yokluk hipotezinde belirli bir dağılıma uygun olma, alternatif hipotezde ise öngörülen dağılımın dışında başka bir dağılıma uyduğu ifade edilmektedir. Yokluk hipotezinin kabul edilmesi öngörülen dağılıma uygun olduğunu göstermektedir. Örneğin bu test Y'nin Poisson dağılıma sahip olup olmadığını araştırmak için yapılırsa ve yokluk hipotezi reddedilirse, muhtemelen aşırı yayılım sorunu var demektir ve Poisson dağılımı yerine Negatif binom dağılımı tercih edilmelidir. Peki, aşırı yayılım nedir?

Aşırı yayılım sorunu veride kümelenmeler var ise ortaya çıkmaktadır. Bir orman sahasını düşünelim, hastalıklı ağaçlar bir yere toplanmış olabilirler ve diğer kısımlarda hiç hasta ağaç olmayabilir. Böyle bir veri Poisson dağılımı için aşırı yayılım sorununa sebep olabilir. Kümelenme neticesinde veride sıfır enflasyonu denen durum (veride peş peşe sıfırlar, uzun boşluklar) beraber ortaya çıkacaktır. Bunun yanı sıra eksik tanımlanma (gerekli açıklayıcı değişkenlerin modele alınmamış olmaları, sabit terimin modele alınmamış olması) ve(ya) modelin doğrusal olmadığı halde doğrusalmış gibi tahmin yapılması da aşırı yayılıma (overdispersion) sebep olabilir.

Aşırı yayılımın var olduğu bir veri seti için Poisson dağılımı yerine, varyansın daha büyük olabilmesine imkân veren Negatif binom regresyonu tercih edilmelidir. Aşağıda aynı ortalamaya sahip olan iki dağılımın varyansları arasındaki fark açıkça görülmektedir:[33]

---

[33] Ross, G., & Preece, D. (1985), The Negative Binomial Distribution. Journal of the Royal Statistical Society. Series D (The Statistician), p:324.

Şekil 4.1. Aynı Ortalamaya Sahip Poisson Dağılımı ve Negatif Binom Dağılımının Yayılımları

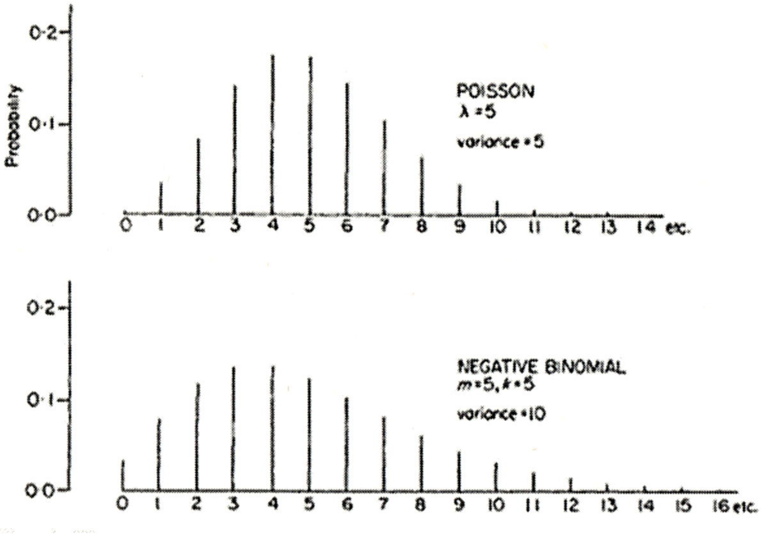

Aşırı yayılım olması halinde Poisson regresyon analizi ile yapılan tahminler tutarlıdır ancak etkin değildirler. Parametrelerin standart hataları aşağı doğru yanlı (olması gerekenden küçük), z skorları ise olması gerekenden büyük elde edilmektedir.

Aşırı yayılım olup olmadığını Cameron-Trivedi (Fallon, 2014) testi[34] ile test edilebilir.(bkz. 2.11/2.14) Şayet aşırı yayılım varsa, Poisson regresyon modeli yerine Negatif binom modeli tercih edilmelidir. Negatif binom olasılık fonksiyonu;[35]

$$P(y_i)=\frac{\Gamma((1/\alpha)+y_i!)}{\Gamma(1/\alpha)y_i!}\left(\frac{1/\alpha}{(1/\alpha)+\lambda_i}\right)^{1/\alpha}\left(\frac{\lambda_i}{(1/\alpha)+\lambda_i}\right)^{y_i} \qquad (4.2)$$

Negatif binom regresyonunda Y bağımlı değişkeni Negatif binom dağılımı göstermektedir. Bu nedenle Negatif olmayan 0,1,2…vb. tamsayı değerler almaktadır. Negatif binom regresyonu NB2 olarak da adlandırılmaktadır[36] ve aslında Poisson dağılımının öngördüğü varyans ve ortalamanın eşit olması ilkesi

[34] Cupal, M., Deev, O., Linnertova, D., (2015), a.g.e., p:1501

[35] Chengye, P., Ranjitkar, P., (2013), Modelling motorway accidents using negative binomial regression, Journal of the Eastern Asia Society for Transportation Studies, Vol:10, p:1954.

[36] $\mathrm{var}\,yans=\lambda+\alpha\lambda^2$

esnetilerek, Poisson ve Gama dağılımlarının bir karışımı şeklinde türetilmiştir.

$$\lambda_i = E(y_i) = e^{\beta x_i}$$

$$\lambda_i = E(y_i) = e^{\beta x_i + \varepsilon_i} \text{ [37]} \tag{4.3}$$

$$\varepsilon_i ; Gamma(1, \alpha^2)$$

ε_i 'nin ortalaması 1, varyansı α^2 'dir. ε_i 'nin modele dâhil edilmesiyle varyans şu şekilde değişir:[38]

$$V(y_i) = E(y_i)[1 + \alpha E(y_i)] \tag{4.4}$$

$$= E(y_i) + \alpha E(y_i)^2$$

(Poisson Regresyon modeli, α=0 için Negatif binom regresyonunun özel bir halidir.)

Hata terimi; modele alınmamış olan önemli bir açıklayıcı değişkenin yokluğundan kaynaklanabileceği gibi, tamamen rastsal da olabilir. Poisson Regresyon modelinde yayılım ortalamanın bir fonksiyonudur hatta eşit olması gerekmektedir, gözlemlenen heterojenlik üzerinden hesaplanmaktadır. Negatif binom modelinde hata teriminin eklenmesi ile gözlemlenemeyen heterojenlik de hesaba katılmış olmaktadır.[39] Negatif binom dağılımı, temelde Poisson dağılımı olmak üzere, heterojenliğin gamma dağılımı ile temsil edildiği, iki olasılık dağılımının karışımlarına uygun sonuçlar üretmektedir.[40]

Negatif binom regresyon modelinde y'nin ortalaması, olayların meydana geleceği t zamanı ve k tane açıklayıcı değişken tarafından belirlenmektedir.

$$\lambda_i = e^{(\ln(t_i) + \beta_1 x_{1i} + \beta_2 x_{2i} + \ldots + \beta_k x_{ki})} \tag{4.5}$$

β_i'ler veri kümesi üzerinden tahmin edilirler ve b_1, b_2,...b_k olarak gösterilirler.

Negatif binom dağılımında tahminler maximum benzerlik yöntemi ile

---

37 A.g.e., p:1953.

38 A.g.e., p:1953.

39 Williams, R., (2020), Models for count outcomes, University of Notre Dame, p:14.

40 Mullahy, J. (1986), Instrumental-Variable Estimation of Count Data Models: Applications to Models of Cigarette Smoking Behavior. The Review of Economics and Statistics, p:586.

yapılmaktadır. Benzerlik fonksiyonunun logaritması şu şekildedir:[41]

$$L = \sum_{i=1}^{n} \{ \ln[\Gamma(y_i + \alpha^{-1})] - \ln[\Gamma(\alpha^{-1})] - \ln[\Gamma(y_i + 1)] - \alpha^{-1} \ln(1 + \alpha\lambda_i) - y_i \ln(1 + \alpha\lambda_i) + y_i \ln(\lambda) + u_i \ln(\lambda_i) \}$$

(4.6)

Regresyon katsayılarının maximum benzerlikle tahmin edilmesi şu şekildedir: [42]

$$L = \sum_{i=1}^{n} \left\{ (\sum_{j=0}^{y_i-1} \ln(j\alpha^{-1}) - \ln(\Gamma(y_i + 1) - (y_i + \alpha^{-1}) \ln(1 + \alpha\lambda_i) + y_i \ln(\lambda_i) + y_i \ln(\alpha) \right\} \quad (4.7)$$

L'nin 1. türevi;[43]

$$\frac{\partial L}{\partial \beta_j} = \sum_{i=1}^{n} \frac{x_{ij}(y_i - \lambda_i)}{1 + \alpha\lambda_i} \qquad j=1,2....k \qquad (4.8)$$

$$\frac{\partial L}{\partial \alpha} = \sum_{i=1}^{n} \{ \alpha^{-2} (\ln(1 + \alpha\lambda_i) - \sum_{j=0}^{y_i-1} \frac{1}{j + \alpha - 1}) + \frac{y_i - \lambda_i}{\alpha(1 + \alpha\lambda_i)} \} \qquad (4.9)$$

$$\frac{-\partial^2 L}{\partial \beta_r \partial \beta_s} = \sum_{i=1}^{n} \frac{\lambda_i (1 + \alpha y_i) x_{ir} x_{is}}{(1 + \alpha\lambda_i)^2} \qquad r,s=1,2...k \qquad (4.10)$$

$$\frac{-\partial^2 L}{\partial \beta_r \partial \alpha} = \sum_{i=1}^{n} \frac{\lambda_i (y_i - \lambda_i) x_{ir}}{(1 + \alpha\lambda_i)^2} \qquad r=1,2....k \qquad (4.11)$$

$$\frac{-\partial^2 L}{\partial \alpha^2} = \sum_{i=1}^{n} \{ \sum_{j=0}^{y_i-1} (\frac{j}{1 + \alpha_j})^2 + 2\alpha^{-3} \ln(1 + \alpha\lambda_i) - \frac{2\alpha^{-2}\lambda_i}{1 + \alpha\lambda_i} - \frac{(y_i + \alpha^{-1})\lambda_i^2}{(1 + \alpha\lambda_i)^2} \} \quad (4.12)$$

$$\sum_{i=1}^{n} \frac{x_{ij}(y_i - \lambda_i)}{1 + \alpha\lambda_i} = 0 \qquad j=1,2...k \qquad (4.13)$$

[41] Cameron, A.C., (2014), Regression Analysis of Count Data, University of California, Davis, Pravin K. Trivedi, Indiana University, Bloomington, https://doi.org/10.1017/CBO9781139013567, p:81.

[42] https://doi.org/10.1017/CBO9781139013567 & Lawless, J. F., Negative Binomial and mixed Poisson regression, https://doi.org/10.2307/3314912, 1987.

[43] A.g.e.

$$\sum_{i=1}^{n}\{\alpha^{-2}(\ln(1+\alpha\lambda_i)-\sum_{j=0}^{y_i-1}\frac{1}{j+\alpha^{-1}})+\frac{y_i-\lambda_i}{\alpha(1+\alpha\lambda_i)}\}=0. \quad (4.14)$$

D, deviance ifade etmek üzere; [44]

$$D=2[L(y_i)-L(\lambda_i)] \quad (4.15)$$

$$=-2\sum_{i=1}^{n}\{y_i\ln(\frac{y_i}{\lambda_i})-(y_i+\alpha^{-1})\ln(\frac{1+\alpha y_i}{1+\alpha\lambda_i})\} \quad (4.16)$$

Küçük deviance değerleri modelin uyumunun arttığını göstermektedir[45], deviance bir uyum iyiliği ölçütü olarak ele alındığında ne kadar büyük bir değer alırsa uyumdan da uzaklaşıldığını gösterir. Data ile tahminler arasındaki farkı ölçtüğü için, küçük olması uyumun iyiliği anlamına gelir. (N-k-1) ile Ki-kare dağılımı gösterir. Yokluk hipotezi, Ho: α=0 yani aşırı yayılım yoktur şeklindedir. Ho reddedilirse, α>0'dır, aşırı yayılım vardır.

Düzeltilmiş D'nin[46] yani D/(n-k-1)'nın 1'den büyük olması aşırı yayılım olduğunun göstergesidir. 1'e eşitse eşit yayılım, 1'den küçükse az yayılım göstergesidir fakat az yayılım nadiren rastlanılan bir durumdur.[47]

Negatif binom regresyon modelinin AIC ölçütü;[48]

k, bağımsız değişken sayısı olmak üzere;

$$AIC(1)=-2\ln n+2k \quad (4.17)$$

Hurvich and Tsai (1989), non-lineer modellerde AIC yerine, düzeltilmiş AIC_c[49] kullanılmasını tavsiye etmişlerdir. Düzeltilmiş AIC, standart AIC'ye stokastik olmayan bir bileşenin eklenmesiyle elde edilmiştir:

$$AIC_c=AIC+\frac{2(k+1)(k+2)}{n-k-2} \quad (4.18)$$ [50]

Düzeltilmiş AIC, n gözlem sayısı büyüdükçe standart AIC'ye

[44] https://ncss-wpengine.netdna-ssl.com/wp-content/themes/ncss/pdf/Procedures/NCSS/Negative_Binomial_Regression.pdf, p:326.

[45] https://www.icpsr.umich.edu/CrimeStat/files/CrimeStatAppendix.D.pdf, p: D-12.

[46] Adjusted deviance

[47] https://www.icpsr.umich.edu/CrimeStat/files/CrimeStatAppendix.D.pdf, p:D-13.

[48] A.g.e., p:11.

[49] AIC_c, $AIC_{corrected}$

[50] Hurvich, C. M., Tsai, C. L., (1989) , Regression and time series model selection in small samples, Biometrika, 76,2,p:300.

yaklaşmaktadır. Fakat küçük örneklemlerde yeni bir açıklayıcı değişkenin eklenmesi AIC'yi büyütmektedir. Stokastik olmayan kısmın aldığı değerler temsili bir örnek üzerinden gösterilebilir. Aşağıdaki tabloda çeşitli büyüklükteki örneklemler için değişken sayısı arttıkça stokastik olmayan bileşenin değerlerinin değişim hesaplanmıştır:

Tablo 4.1. Farklı Büyüklükteki Örneklemler İçin Değişken Sayısındaki Artışın Düzeltilmiş AIC'nin Stokastik Olmayan Bileşeni Üzerindeki Etkisi

	$\frac{2(k+1)(k+2)}{n-k-2}$ n_1=15	$\frac{2(k+1)(k+2)}{n-k-2}$ n_2=20	$\frac{2(k+1)(k+2)}{n-k-2}$ n_3=30	$\frac{2(k+1)(k+2)}{n-k-2}$ n_4=100	$\frac{2(k+1)(k+2)}{n-k-2}$ n_5=500	$\frac{2(k+1)(k+2)}{n-k-2}$ n_6=1000
k=1	0,333	0,235	0,148	0,041	0,008	0,004
k=2	1,091	0,750	0,462	0,125	0,024	0,012
k=3	2,400	1,600	0,960	0,253	0,048	0,024
k=4	4,444	2,857	1,667	0,426	0,081	0,040
k=5	7,500	4,615	2,609	0,645	0,122	0,060
k=6	12	7,000	3,818	0,913	0,171	0,085
k=7	18,667	10,182	5,333	1,231	0,228	0,113
k=8	28,800	14,400	7,200	1,600	0,294	0,145
k=9	45,000	20,000	9,474	2,022	0,368	0,182
k=10	73,333	27,500	12,222	2,500	0,451	0,223

Alternatif modeller arasında AIC değeri en küçük olan model tercih edilmelidir. Non-lineer modellerde düzeltilmiş AIC'nin kullanılması önerilmektedir fakat bir yandan da küçük örneklemlerde değişken sayısının AIC_c'nin değerini kolaylıkla büyütmekte olduğu, büyük örneklemlerdeki etkisinin ise düşük seviyede gerçekleştiği görülmektedir. Bu nedenle, özellikle non-lineer model tahminlerinde örneklem hacminin yeterli büyüklükte olması önem taşımaktadır.

En çok olabilirlik tahminlerine dayanan modellerde uyum iyiliği ölçmede kullanılan bir diğer ölçüt de, Bayesyen bilgi kriteridir.

Negatif binom regresyon modelinin BIC (Bayesyen) ölçütü;[51]

---

[51] Hilbe, J.M., (2008), Modeling Count Data, Cambridge University Press, https://doi.org/10.1017/CBO9781139236065, 2014.

$$BIC(L) = -2L + k\ln(n)$$

$$BIC(Q) = -\frac{2}{n}[L - k\ln(n)] \quad [52] \qquad (4.19)$$

$$BIC(R) = D - (kalıntılarınserbestlikderecesi)\ln(n)$$

Uyum iyiliği ölçümü

Doğrusal Regresyon analizlerinde klasik R^2 iyi bir uyum iyiliği ölçütüdür. Fakat söz konusu Poisson regresyon modeli, Negatif binom regresyonu gibi non-lineer modeller olduğunda pseudo-R^2 tercih edilmelidir.[53] En sık tercih edilen pseudo-R^2 yaklaşımlarından biri olan McFaden formülü aşağıdaki gibidir:[54]

$$R^2 = 1 - \frac{\ln L(M_{full})}{\ln L(M_{null})} \qquad (4.20)$$

Formülde M_{full}, kapsamlı model yani tüm değişkenlerin kapsandığı modeldir. M_{null} ise sadece otonom parametrenin olduğu modeldir. L, benzerlik oranının tahminidir. Sadece otonom parametrenin yer aldığı null modelin log benzerliği, klasik Regresyon analizindeki SST (sum of squares of total), tüm değişkenlerin olduğu büyük modelin log benzerliği ise SSE (sum of squares of errors) tekabül etmektedir. Benzerlik oranı [0,1] aralığında değer aldığı için, logaritması sıfırdan küçük veya eşittir. log benzerlik oranı ne kadar küçük olursa, pseudo R^2 o kadar büyük olacağı için, bu oranın küçük olması da kapsamlı modelin log benzerliğinin küçük olması anlamına geldiğinden dolayı, kapsamlı modelin null modelden daha fazla uyum sağladığı söylenir.

Aslında şayet aşırı yayılım yok ise, Negatif binom regresyonu ile Poisson regresyon aynı sonuçlara sahip olacaktır. Bu nedenle, önce Poisson regresyon uygulayıp aşırı yayılımı gördükten sonra Negatif binom regresyonu uygulamak gereksizdir. En başından Negatif binom regresyonu uygulandığında, aşırı yayılım sorunu varsa doğru bir iş yapılmış olur, aşırı yayılım yoksa Negatif binom regresyonunun sonuçları Poisson regresyonu ile aynı olacağından yine doğru bir iş yapılmış olur.

---

52 Formülde geçen k değişken sayısı, otonom parametre b_0'ı da kapsamaktadır.

53 Chengye, P., Ranjitkar, P., a.g.e., p:1954.

54 https://stats.idre.ucla.edu/other/mult-pkg/faq/general/faq-what-are-pseudo-r-squareds/

5. Hurdle Modeller ve Aşırı Sıfır Durumu

Bağımlı değişkende aşırı yayılım durumu ile birlikte Negatif binom regresyon analizi ile modellenemeyecek kadar fazla sayıda sıfır olması halinde, hurdle modellerden veya aşırı sıfır modellerden (zip, zinb) faydalanılır.

Hurdle, kelime anlamı olarak engel demektir. Bağımlı değişkene ilişkin verinin belirli bir değerin altında ya da üstünde olmasına bağlı olarak, engelin aşıldığı kısmın kesilmesi (truncated model) şeklinde tahmin edilen sayma verisi regresyon modellerine hurdle model denir.[55]

Aşırı sıfır (zero inflated) modeller ile hurdle modeller sıklıkla birbiriyle karıştırılmaktadırlar. Bu modeller, sıfır engel (eşik) değer olmak üzere, bağımlı değişkene ilişkin veriyi iki kısım gibi düşünerek, sıfırların yoğun olduğu kısım ve sıfırların olmadığı sayma verisi kısmından teşekkül olan iki kısımlı modellerdir. Hurdle modelin sıfır kısmı olayın gerçekleşmediği bölümdür, Pr(Y=0). İkinci bölümünde ise kesinlikle sıfırdan büyük değerler vardır. "*Hurdle regresyon modeli iki aşamalı bir süreç içerir. Bu amaçla yanıt değişkeninin aldığı değerin sıfır veya sıfırdan farklı olma durumuna göre farklı hesaplamalar yapılır. Bu amaçla yanıt değişkenine sıfır ve pozitif değerlere karşılık olarak ikili yanıt muamelesi yapılır. Yanıt değişkeninin sıfır değerini aldığı durumlara karşılık bir olasılık tanımlar ve iki aşamalı sürecin ilk aşamasıdır. Sıfırdan farklı değerler için ise kesilmiş (truncated) dağılım kullanır ve bu da sürecinde ikinci aşamasıdır.*"[56] Hurdle modeller hem aşırı yayılım olması halinde, hem de az yayılım olduğunda kullanılabilirler.[57]

---

[55] Saffari, S. E., Adnan, R., Greene, W., (2012), Paratmeter Estimation on Hurdle Poisson Regression Model With Censored Data", Jurnal Teknologi, 57, Suppl 1, March 2012, p: 190.

[56] Kılıç, D., Bayrak, H., (2020), Sayma Verisi Modelleri Üzerine Bir Karşılaştırma: E- Ticarette Yaşanan Sorunlar Türkiye Örneği, S.Ü. FEN FAKÜLTESİ FEN DERGİSİ, 46(2), 85-102, s:87.

[57] Saffari, S. E., Adnan, R., Greene, W., (2012), p:190.

Zero inflated modelin de ilk kısmı hurdle model ile aynıdır yani tamamen sıfırlardan oluşmaktadır, fakat ikinci kısımda da sıfırlar olabilir, hurdle modeldeki gibi kesinlikle sıfır olmaması gibi bir durum söz konusu değildir.

Aşırı sıfır olma durumu, bağımlı değişkenin Poisson veya Negatif binom dağılımı gösterdiği sayma verisi regresyon analizlerinde bazı durumlarda Y'nin değerlerinde beklenenden daha fazla sayıda (Poisson dağılımının öngöremediği boyutta) sıfır değerlerinden kaynaklanmaktadır. Örneğin, belirli bir dönemde meydana gelen kalp krizi sayıları, belirli bir bölgede bir yıl süresinde meydana gelen intihar girişimleri, vb. çoğunluğu sıfırdan oluşan verilerde, veride uzun boşlukların yarattığı bu sorun, normal yollardan Poisson ya da Negatif binom regresyonu ile çözümlenemez. Çünkü Y'ye ilişkin verilerin bir kısmı Poisson veya Negatif binom dağılıma uyarken, kalan kısmı yapısal sıfırlar denen sıfırlardan oluşmaktadır, bu kısımlarda söz konusu olay gerçekleşmemiştir (non- occurance).

Veri seti sayma verilerinden oluşan ve sadece sıfırlardan oluşan iki kısım şeklinde ele alınmaktadır. Veriyi iki kısım halinde düşünmek tamamen varsayımsal bir yaklaşımdır, yoksa veri gerçek anlamda iki kümeye bölünmemektedir. Aşırı sıfır durumunda aslında iki model tahmin edilmektedir. Bu modellerden bir tanesi logit veya probit bağ fonksiyonuyla tahmin edilen yapısal sıfırların olduğu kısımdır, diğer kısım ise Y'nin dağılımına bağlı olarak Poisson veya Negatif binom dağılımı gösteren sıfırlardan oluşmayan (non-zero) kısımdır. Şayet ortalama ile varyans eşitse Poisson regresyon modeli, eğer varyans ortalamadan büyükse ki bu duruma aşırı yayılım durumu demiştik, Negatif binom regresyonu ile tahmin edilmektedir.

Verinin sadece sıfırlardan oluşan kısmına Bernoulli kısmı, kalan kısmına ise sayma verisi kısmı olarak adlandırırsak;[58]

π, Bernoulli kısmının olasılığıdır, $0 \leq \pi < 1$.

$1-\pi$, sayma verisi kısmının olasılığıdır.

$$\begin{aligned} P(Y=0) &= \pi + (1-\pi)p(0) \\ P(Y=y) &= (1-\pi)p(y) \end{aligned} \tag{5.1}$$

p(y), Poisson veya Negatif binom dağılımına sahiptir. İki kısma ayrılmış modelde ilk kısım Bernoulli kısmıdır ve burada logit veya probit bağ fonksiyonu kullanılır, ikinci kısım yani sayma verisi kısmında ise Poisson veya Negatif

[58] https://courses.ms.ut.ee/MTMS.01.011/2018_spring/uploads/Main/GLM_slides_10_models_with_excess_zeros_print.pdf, p:8.

binom uygulanmaktadır.[59]

Aşırı sıfır göz ardı edilerek yapılacak tahminler yanlı ve tutarsız olurlar, bu nedenle Zip (zero inflated Poisson) veya Zinb (zero inflated negative Binomial) modellerinden uygun olan seçilmelidir.[60]

5.1. ZIP (Zero Inflated Poisson)

$$P(Y_i = y_i) = \begin{cases} \omega_i + (1-\omega_i)e^{-\lambda_i}, y_i = 0 \\ (1-\omega_i)\dfrac{e^{-\lambda_i}\lambda_i^{y_i}}{y_i!}, y_i = 1,2... \end{cases} \quad (5.2)$$

$$0 \le \omega_i \le 1$$

(5.2) nolu eşitlikte ZIP modelinin olasılık fonksiyonunun ilk satırı, verinin sıfırlardan oluşan Bernoulli kısmının olasılık fonksiyonunu temsil etmektedir, ikinci satır ise sayma verisi kısmının olasılık fonksiyonudur.

$$E(Y_i) = \mu_i = (1-\omega_i)\lambda_i \quad (5.3)$$

$$V(Y_i) = \mu_i + (\frac{\omega_i}{1-\omega_i})\mu_i^2 \quad (5.4)$$

ω_i = 0 olması halinde ZIP model Poisson modele indirgenir, 0'ı aşan değerlerde ise aşırı yayılım söz konusudur. Modelin sıfırlı Bernoulli kısmı logit ise, log-benzerlik tahmini;[61]

$$l(y;\beta,\gamma) = \sum_{y_i=0} \ln[\exp(\omega_i^T\gamma) + \exp(-\exp(x_i^T\beta))] + \sum_{y_i>0}[y_i x_i^T\beta - \exp(x_i^T\beta) - \ln y_i!] - \sum_{i=1}^{n} \ln[1+\exp(\omega_i^T\gamma)] \quad (5.5)$$

Modelin sıfırlı Bernoulli kısmı probit ise, log-benzerlik tahmini;[62]

$$l(y;\beta,\gamma) = \sum_{y_i=0} \ln[\phi(\omega_i^T\gamma) + (1-\phi(x_i^T\gamma))\exp(-\exp(x_i^T\beta))] + \sum_{y_i>0}[\ln(1-\phi(x_i^T\gamma)) - \exp(x_i^T\beta) + y_i x_i^T\beta - \ln y_i!] \quad (5.6)$$

---

[59] A.g.e., p:8.

[60] Thanomsieng, N., (2014), Negative Binomial Regression Analysis and Other Count Models, Department of Biostatistics&Demography, Khon Kaen University, p:4.

[61] https://courses.ms.ut.ee/MTMS.01.011/2018_spring/uploads/Main/GLM_slides_10_models_with_excess_zeros_print.pdf, p:12.

[62] A.g.e., p:12.

5.2. ZINB (Zero Inflated Negative Binomial)[63]

$$P(Y_i = y_i) = \begin{cases} \omega_i + (1-\omega_i)(\dfrac{1}{1+k\lambda_i})k^{-1}, y_i = 0 \\ (1-\omega_i)\dfrac{\Gamma(k^{-1}+y_i)}{\Gamma(k^{-1}+y_i!)}\left(\dfrac{k\lambda_i}{1+k\lambda_i}\right)^{y_i}\left(\dfrac{1}{1+k\lambda_i}\right)^{k^{-1}}, y_i > 0 \end{cases} \quad (5.7)$$

$$0 \le \omega_i \le 1$$

$$E(Y_i) = (1-\omega_i)\lambda_i \quad (5.8)$$

$$V(Y_i) = (1-\omega_i)\lambda_i(1+(\kappa+\omega_i)\lambda_i) \quad (5.9)$$

(5.9) nolu eşitlikte, κ ; aşırı yayılım parametresidir. 0'a eşit olduğunda ZINB model, ZIP modele indirgenir.

Aşırı sıfır durumunda uygun olan modelin Poisson regresyon modeli mi yoksa ZIP modeli mi olduğuna karar vermek için Vuong testi uygulanabilir. Test istatistiği Kullback-Leibler bilgi ölçümü ile hesaplanmaktadır:[64]

$$K_{mn} = \frac{n}{2ms}\left\{\prod_{i=1}^{n}(X_{(i+m)} - X_{(i-m)})^{1/n}\right\} \quad (5.10)$$

(5.10)'daki ifadeleri açıklayalım;

s: örneklem varyansının karekökküdür, standart sapmadır:

$$s = \sqrt{\frac{\sum(x_i - \bar{x})^2}{n}} \quad (5.11)$$

m: $\frac{n}{2}$'den küçük pozitif bir tamsayıdır.

Eğer i<1 ise $x_i = x_1$'dir ve i>n ise $x_i = x_n$'dir. K_{mn}'nin değeri küçüldükçe asimptotik normallikten uzaklaşılır.[65]

---

[63] https://home.kku.ac.th/nikom/negative_binomial_2558u.pdf, p.4.

[64] Şenoğlu, B., Sürücü, B., Goodness-of-Fit Tests Based on Kullback-Leibler Information, IEEE TRANSACTIONS ON RELIABILITY, VOL. 53, NO. 3, SEPTEMBER 2004, p:358.

[65] A.g.e., p:358.

Vuong test istatistiği şu şekildedir:[66]

$$Q_v = \frac{(Q-\theta)}{\left\{2\sqrt{(V(Q)n)}\right\}} \qquad (5.12)$$

(5.12) nolu eşitlikteki ifadeleri açıklayalım:

Q_v asimptotik normal dağılıma sahiptir. Θ düzeltme terimidir.

Vuong testinin bulgularının yorumlanmasına en son bölümde bilgisayar uygulamaları kısmında yer verilecektir. Ama şimdilik şu kadarını açıklarsak;[67]

α=0.05 anlam düzeyinde;

Eğer Q_v>1.96 ise ZIP, ZINB modelleri, Poisson, Negatif binom regresyon modelinden daha uygundur, yani modelde aşırı sıfır durumu vardır.

Eğer Q_v<-1.96 ise Poisson, Negatif binom regresyon modelleri, ZIP, ZINB'den daha uygundur, yani aşırı sıfır durumu yoktur ya da varsa bile istatistiksel olarak anlamlı bir seviyede değildir.

---

[66] Lewis, F., Butler, A., Gilbert, L., (2011), A unified approach to model selection using the likelihood ratio test, Methods in Ecology and Evolution, 2, p:157.

[67] https://courses.ms.ut.ee/MTMS.01.011/2018_spring/uploads/Main/GLM_slides_10_models_with_excess_zeros_print.pdf, p:33.

6. Bilgisayar Uygulamaları

Örnek 1. Excel'de Poisson Olasılıklarının Hesaplanması

Poisson olasılıklarının hesaplanması için Excel'de fonksiyonun tanımlanması gerekmektedir.

Adım.1. Excel giriş sayfasında Formüller – f_x işlev ekle / Enter

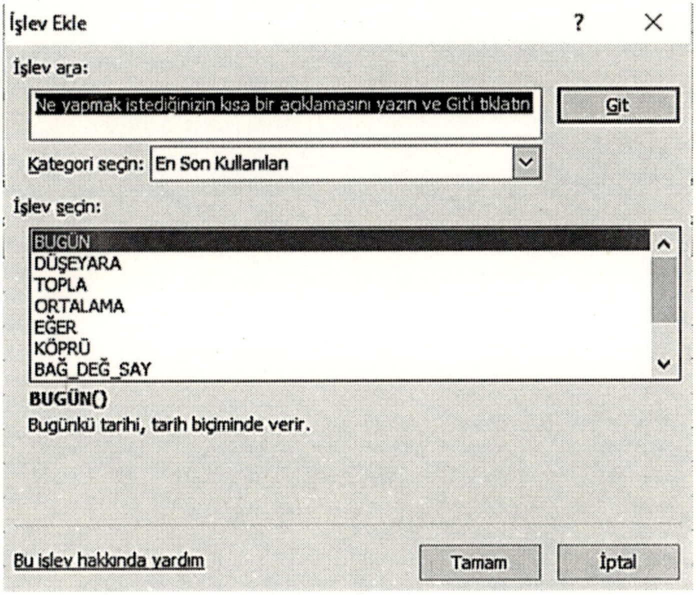

Karşınıza çıkan bu diyalog kutusunda "işlev ara" kısmına "istatistiksel" yazılır:

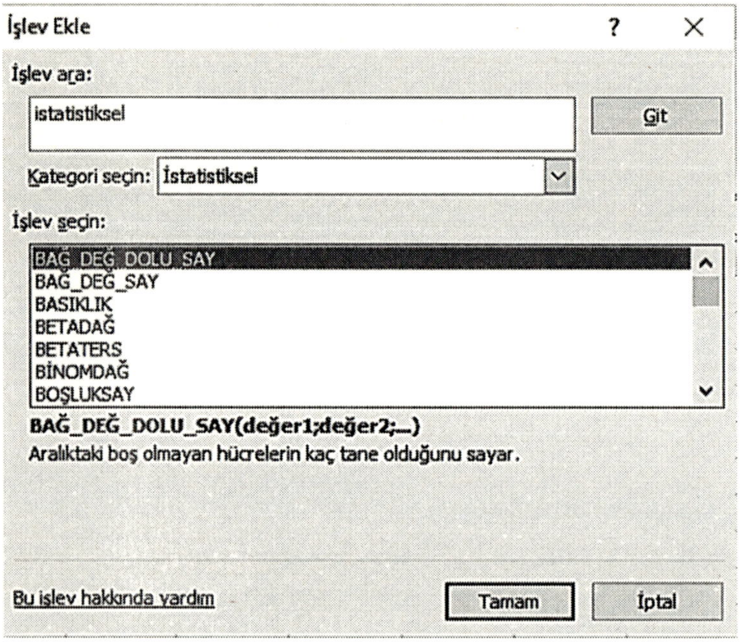

"İşlev seçin" kısmında Poisson yazarak "Tamam" seçilir:

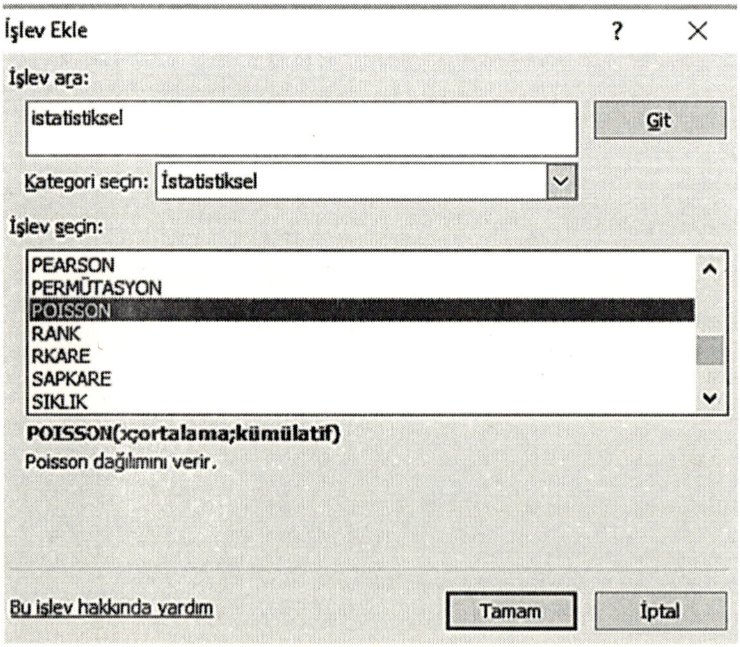

Karşınıza çıkan pencerede gerekli değerleri yazarak Poisson dağılımı ile ilgili örnekleri çözebilirsiniz:

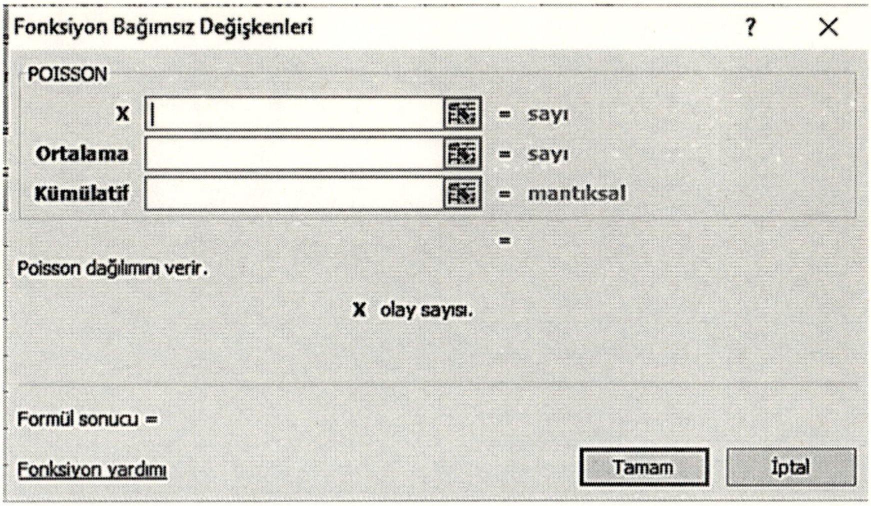

İlk örnekteki değerleri doğrulamak açsından, ortalaması 1 olan Poisson dağılımı için P(X=2) olasılığını hesaplayalım:

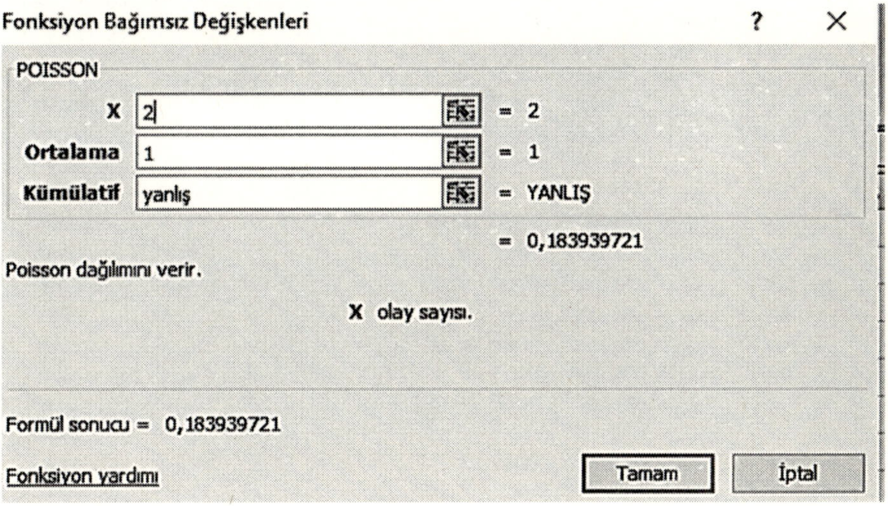

Cevap: $P(X=2)=\dfrac{2,718^{-1}1^{2}}{2!}=0,18$

Örnek 2. SPSS'te Poisson Olasılıklarının Hesaplanması

$X; Poisson(\lambda)$ olmak üzere, x=0,1,...,10 için λ=2'de Poisson olasılıklarını SPSS ile bulalım. Öncelikle data ekranına X'in alması muhtemel değerleri giriyoruz, bu değerleri {0,1…10} olarak belirlemiştik.

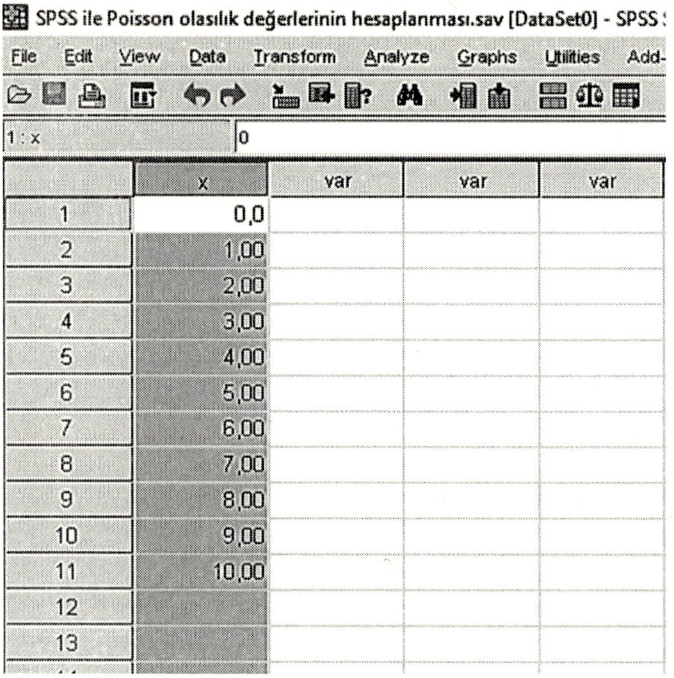

X'in veri tipini "nominal" olarak ayarlamalıyız.[68]

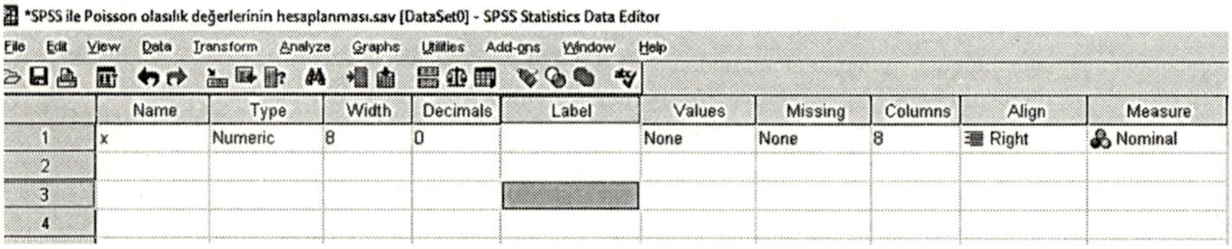

[68] Nominal değişken: Kategorik yani kategorileri olan ve kategorileri arasında herhangi bir üstünlük sıralaması olmayan değişkendir. Örneğin kan grupları, doğum yeri, göz rengi, vb.

Değerleri girdikten sonraki adım: "Transform-Compute Variable"

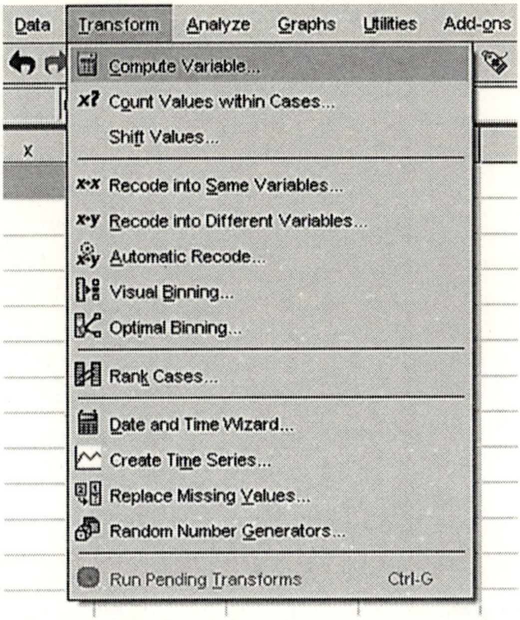

Compute Variable menüsü seçildikten sonra aşağıdaki ekran açılacaktır:

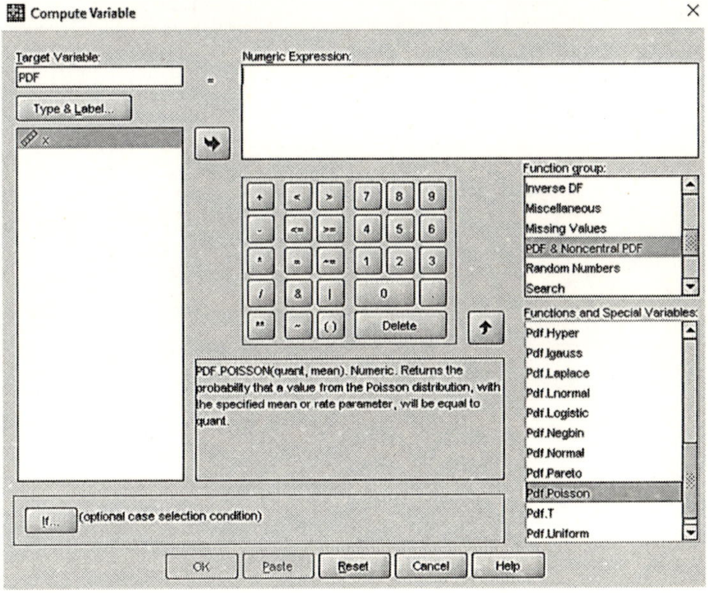

"Target variable" kısmına PDF yazıyoruz.[69] "function group" kısmından "PDF&Noncentreal PDF" i seçiyoruz. "functions and special variables" kısmından da "Pdf.Poisson" u seçiyoruz. Bu seçimleri yaptıktan sonra yukarı okunu tıklamalıyız. Böylece "numeric expressions" kısmında "PDF.POİSSON(?)" ibaresi oluşacaktır.

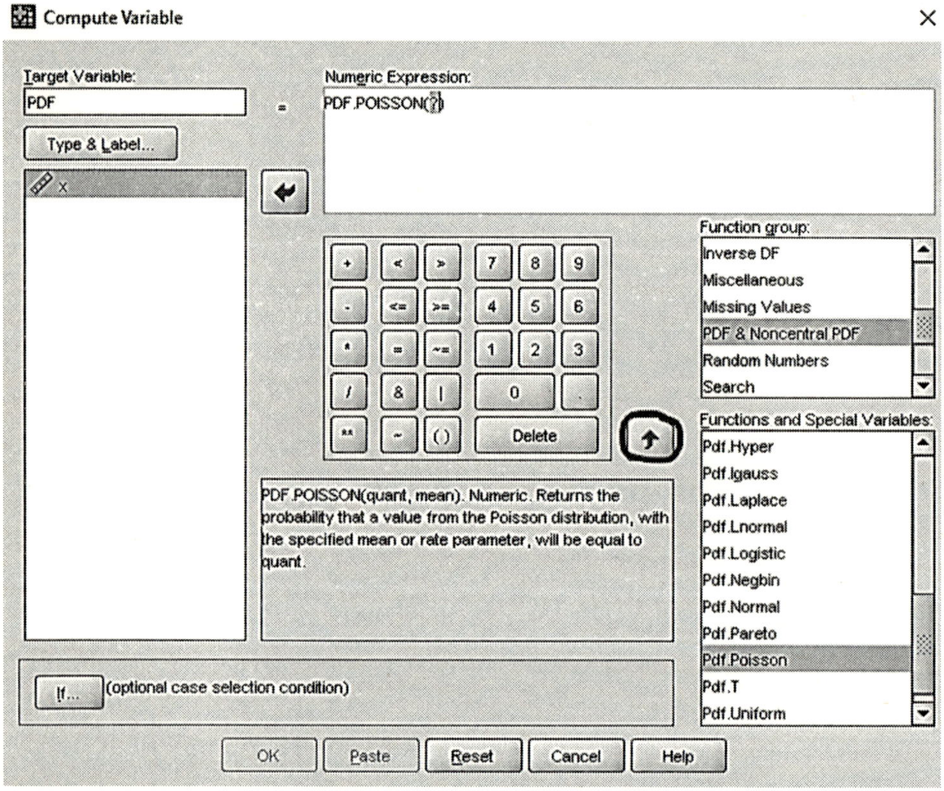

"PDF.POİSSON(?)" ifadesindeki "?" quant yani x anlamına gelmektedir. x'i seçip o tarafa aktarmalıyız. Daha sonra x'in yanına virgül koyarak ortalamanın değerini yani λ'nın değerini yazmalıyız. Örneğimizde ortalamayı 2 olarak aldığımız için gösterim şu şekilde olacaktır.

[69] PDF: probability density function

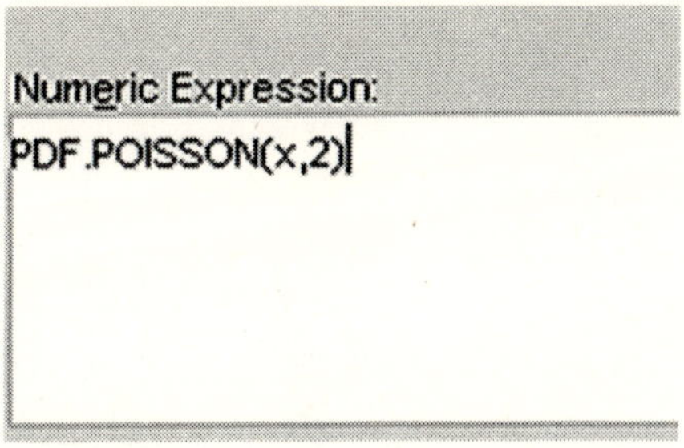

Bu aşamada işlemi onaylarız ve Poisson olasılıklarını hesaplatmış oluruz. Olasılık değerlerini görmek için data ekranına döndüğümüzde aşağıdaki ekranla karşılaşırız:

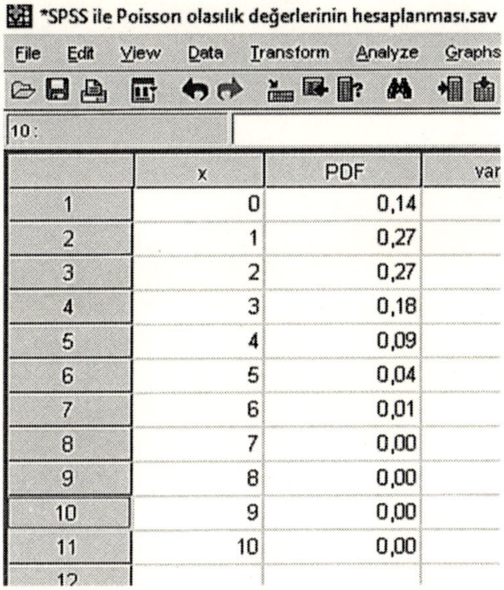

	x	PDF	var
1	0	0,14	
2	1	0,27	
3	2	0,27	
4	3	0,18	
5	4	0,09	
6	5	0,04	
7	6	0,01	
8	7	0,00	
9	8	0,00	
10	9	0,00	
11	10	0,00	
12			

Olasılıklara ilişkin grafik çizmek istersek izlememiz gereken adımlar ise şu şekildedir:

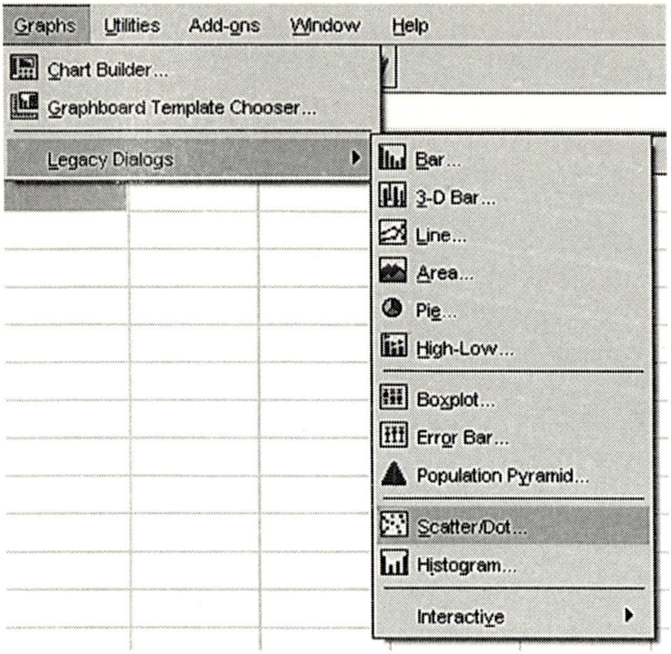

Simple scatter- define

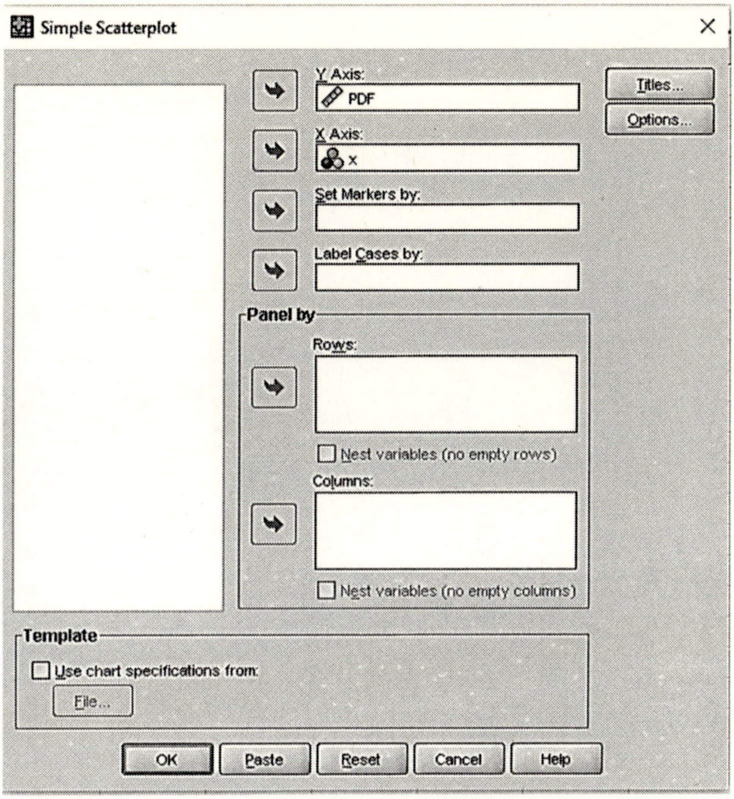

Bu son ekranda "OK" seçildiğinde Poisson olasılıklarının grafiği elde edilmiş olur:

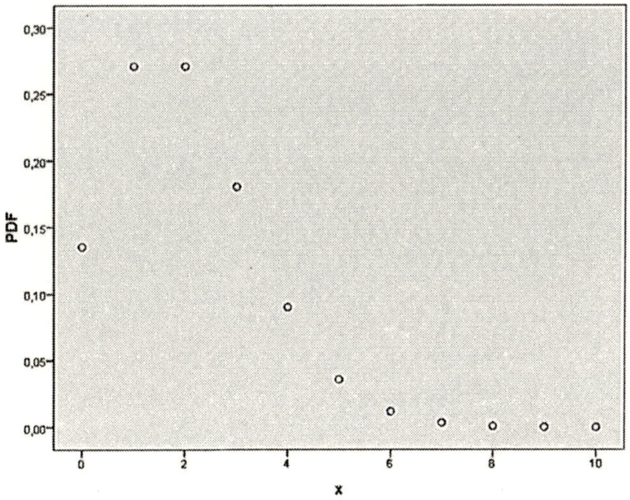

Birikimli olasılık fonksiyonunu oluşturmak için, olasılıkları bulmak için yaptığımız işlemlere çok benzer adımlar izleriz.

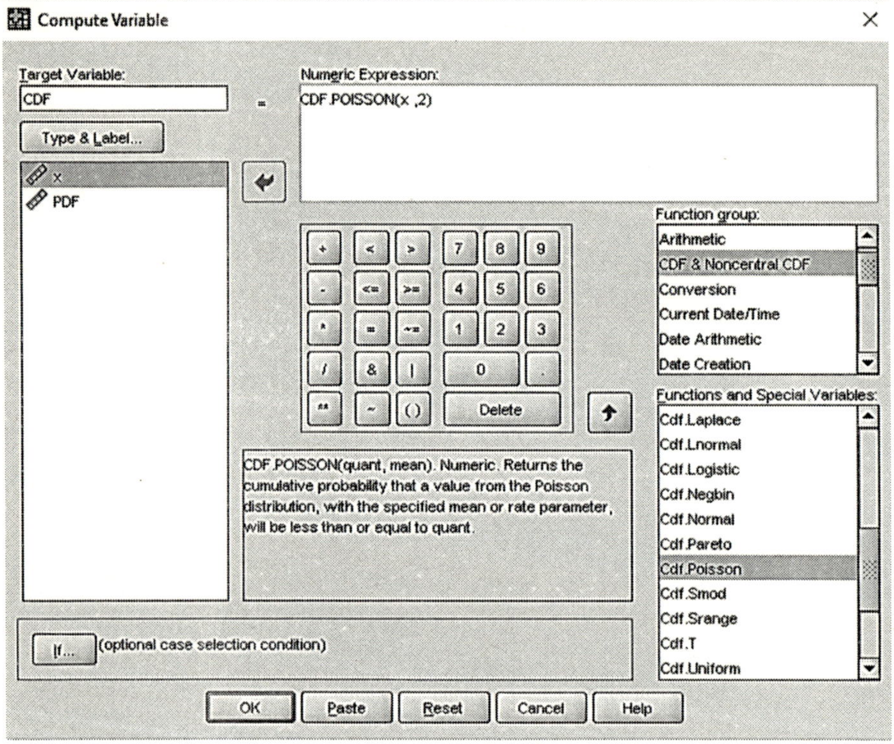

Data ekranına dönüldüğünde birikimli olasılıkların hesaplanmış olduğu görülecektir:

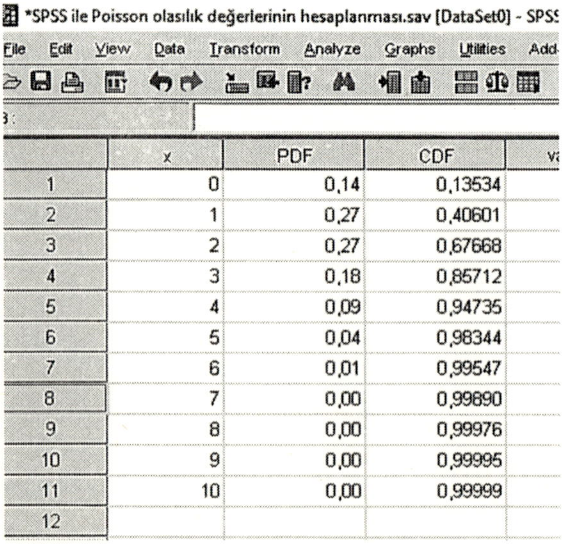

	x	PDF	CDF
1	0	0,14	0,13534
2	1	0,27	0,40601
3	2	0,27	0,67668
4	3	0,18	0,85712
5	4	0,09	0,94735
6	5	0,04	0,98344
7	6	0,01	0,99547
8	7	0,00	0,99890
9	8	0,00	0,99976
10	9	0,00	0,99995
11	10	0,00	0,99999
12			

Birikimli olasılık dağılımını grafiğini çizmek için izlenmesi gereken adımlar:

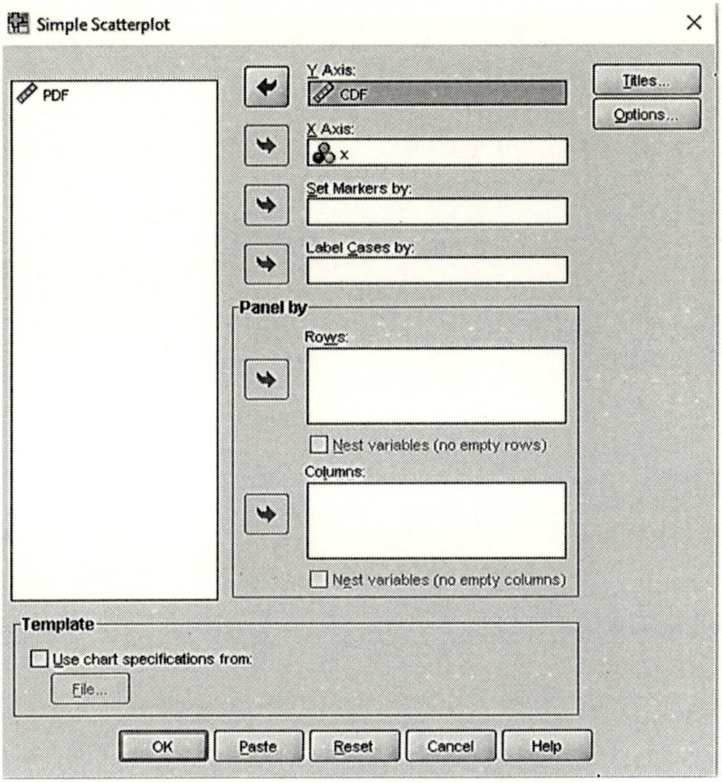

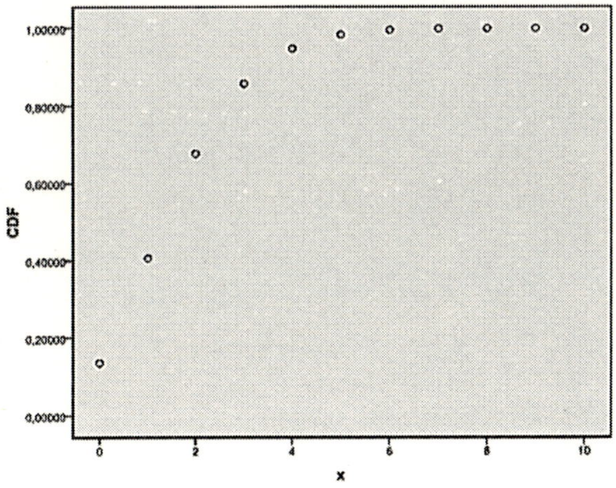

Görüldüğü üzere olasılıklar birike birike toplandığında son olarak 1'e eşitlenmiş olmaktadır.

Örnek 3. R'da Poisson Olasılıklarının Hesaplanması

$X; Poisson(\lambda)$ olmak üzere, x=0,1,..5 için λ=1'de Poisson olasılıklarını R ile bulalım. Öncelikle data ekranına X'in alması muhtemel değerleri giriyoruz, bu değerleri {0,1,2,3,4,5} olarak belirlemiştik.

R'da "console" kısmında x değerlerini tanımlamalıyız, bunun için yazmamız gereken komut şöyledir:

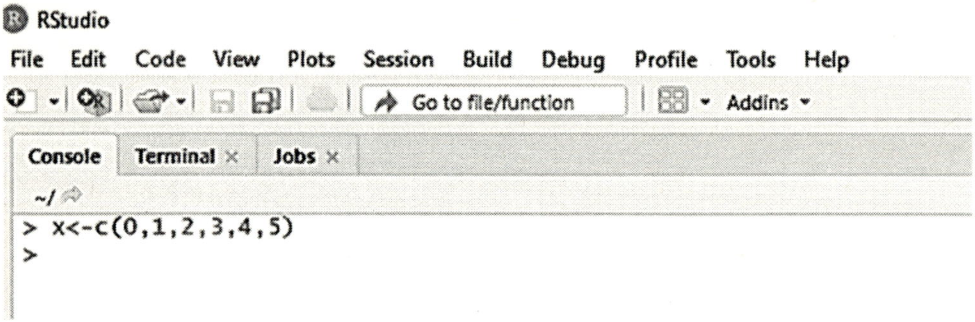

Bu komutu yazıp tamam deyince, sağ tarafta x vektörünün tanıtıldığını göreceksiniz:

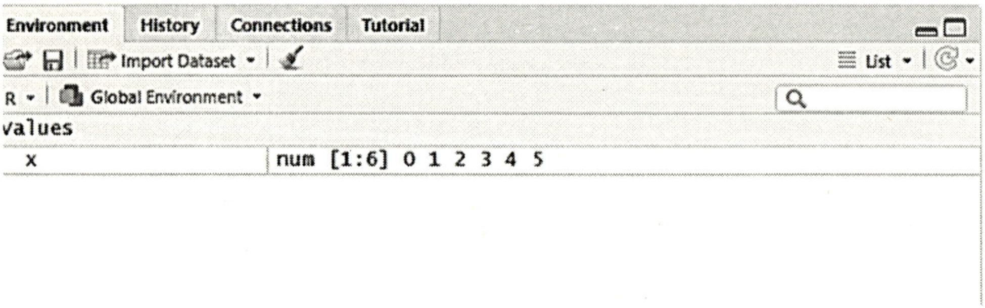

Bu defa dağılımın ortalamasını 1 olarak alalım (λ=1). R'da Poisson olasılıklarını hesaplatmamız için yazmamız gereken komut şu şekildedir:

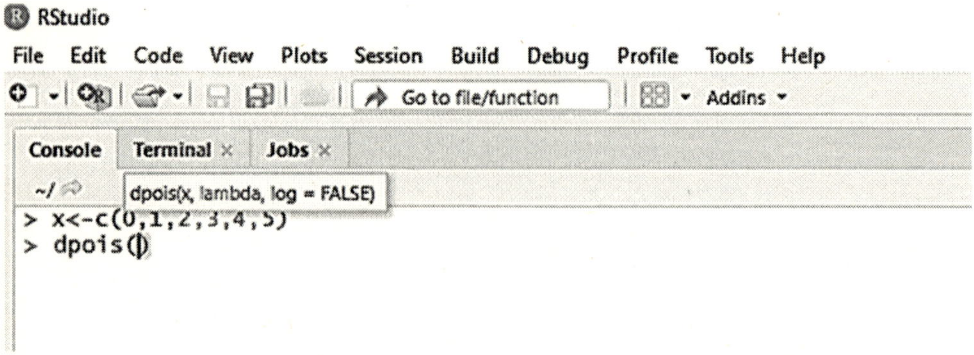

Komut satırına ">dpois" yazdığımızda, hemen yukarıda "dpois(x,lambda,log=FALSE)" ibaresi çıkmaktadır. Bizden istediği bilgileri sırasıyla girmemiz halinde, Poisson olasılıklarını bulmuş olacağız. Bir önceki adımda x'in alması muhtemel değerleri yani {0,1,2,3,4,5} tanıtmıştık. Ortalamayı 1 alacağımızı söyledik, o halde artık olasılıkları hesaplatabiliriz:

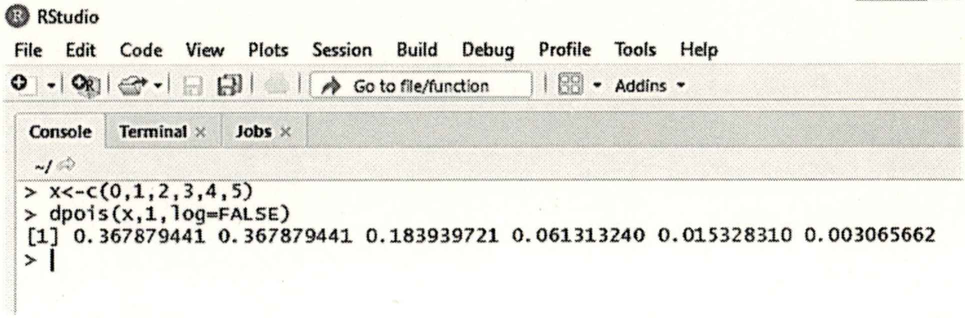

λ=1 için olasılıklar bulunmuştur. Vektörel olarak görünen bu değerler aşağıdaki gibidir:

$$P(X=0)=0.367879441$$

$$P(X=1)=0.367879441$$

$$P(X=2)=0.183939721$$

$$P(X=3)=0.061313240$$

$$P(X=4)=0.015328310$$

$$P(X=5)=0.003065662$$

Örnek 4. R'da Poisson Regresyon Analizi: Eşit yayılım durumu (Equidispersion)[70]

Y: Trafik kazası sayısı (count data)

X_1: Cinsiyet (nominal)

X_2: Sürüş tecrübesi (scale)

X_1 değişkeni kategorik, türü nominaldir. Kategorileri için kodlamalar "1:kadın, 2:erkek" şeklindedir. X_2, sürüş tecrübesi sürekli değişkendir. Amacımız, R'da, Y'yi X'ler yoluyla Poisson regresyonu analizi yöntemini kullanarak tahmin etmektir.

İlk yapmamız gereken, R'a veri dosyasını tanıtmaktır. Bunun için;

File-import data set-from Excel

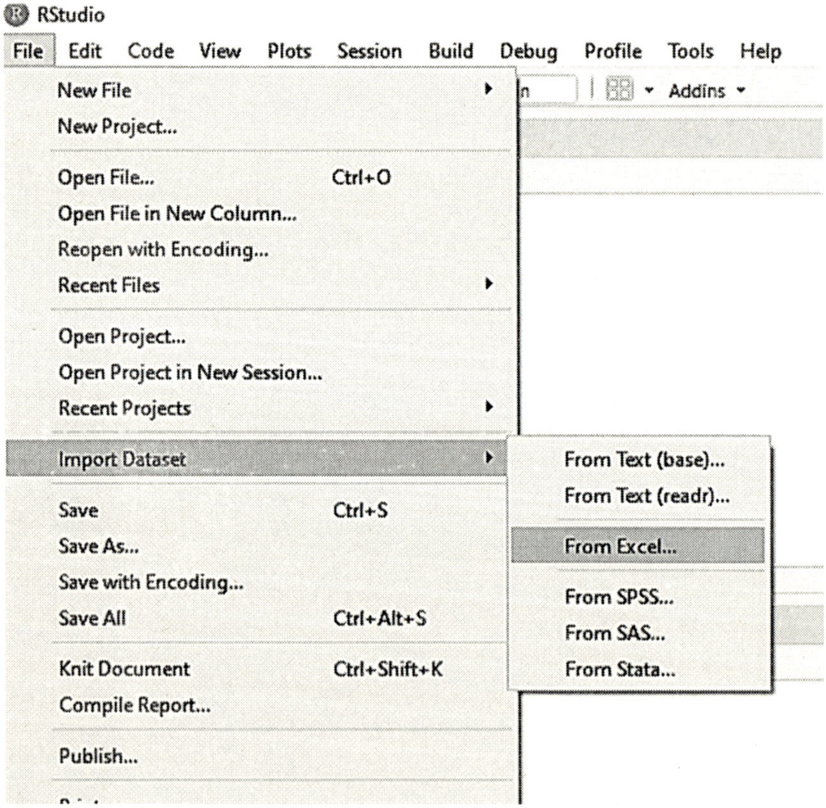

Karşımıza şu tablo gelmektedir:

---

[70] Örnek verisi kurgusaldır.

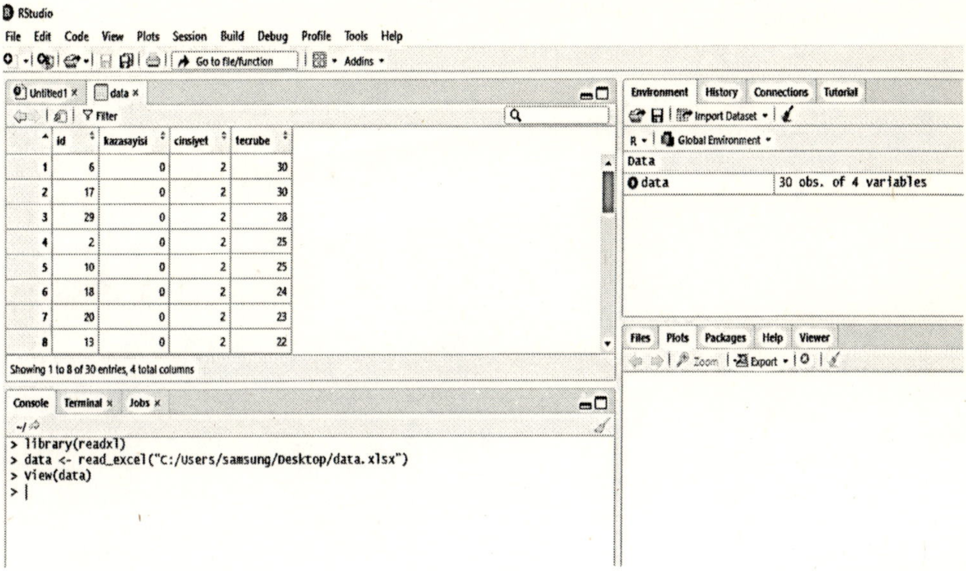

Veri setimizi R'a aktarmış bulunuyoruz.

X1: Cinsiyet değişkeni için kategorileri görelim:

```
Console  Terminal ×  Jobs ×
~/
> library(readxl)
> data <- read_excel("C:/Users/samsung/Desktop/data.xlsx")
> View(data)
> table(data$cinsiyet)

 1  2
15 15
>
```

n=30 gözlem bulunmaktadır. Bunların yarısı "1" ile kodlanmış olan kadın sürücüler, "2" ise erkek sürücülerdir.

X2: Sürüş tecrübesi değişkeni için kategorileri görelim:

```
> table(data$tecrube)

 1  2  3  4  5  6  8  9 10 11 12 14 15 22 23 24 25 28 30
 2  3  3  2  1  2  1  1  2  1  1  1  2  1  1  1  2  1  2
> |
```

Bu tabloda üst satırda yıl bazında sürüş tecrübeleri, aşağıda ise bu tanıma uyan sürücü sayıları görülmektedir. 1 yıl tecrübesi olan sürücü sayısı 2 kişidir. 15 yıl sürüş tecrübesi olan 2 kişi, 30 yıl tecrübesi olan 1 kişidir, vb.

Kaza sayılarına ilişkin özet tablo şöyledir:

```
> summary(data$kazasayisi)
   Min. 1st Qu.  Median    Mean 3rd Qu.    Max.
 0.0000  0.0000  1.0000  0.6667  1.0000  3.0000
> |
```

Gerçekleşen min kaza sayısı sıfır, max kaza sayısı 3'tür. Kişi başına ortalama kaza sayısı 0,6667'dir. Kaza sayılarının dağılım grafiği aşağıdaki gibidir:

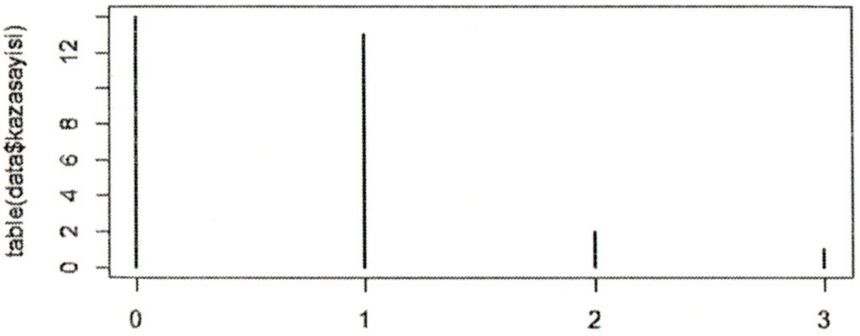

Yukarıdaki grafiğe bakıldığında λ'nın küçük değerlerindeki Poisson grafiğine benzediğini görebiliyoruz:

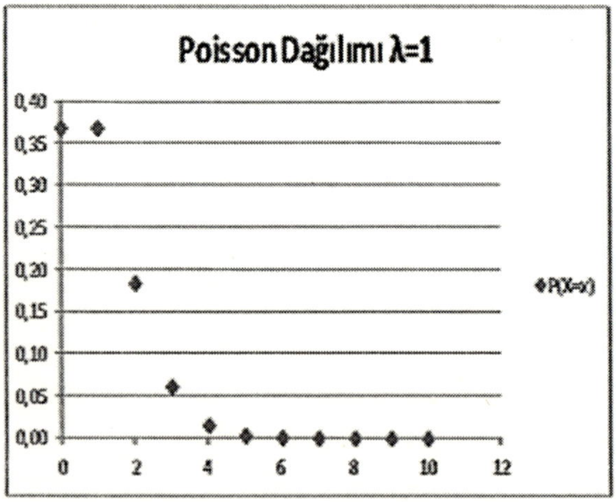

Poisson dağılımında ortalama ve varyansın aynı olması gerekmektedir. Y'nin ortalama ve varyansı;

```
> mean(data$kazasayisi)
[1] 0.6666667
> var(data$kazasayisi)
[1] 0.5747126
> |
```

Tam olarak eşit olmasa da, eğer uyum iyiliği testinden geçerse, bu veri setiyle Poisson regresyon uygulamamızda herhangi bir sakınca olmayabilir. Fakat Poisson dağılımına uyumu yeterli değilse, o zaman Negatif binom ile modelleme yapmamız gerekebilir. Y'nin Poisson dağılımına uygunluğuna bakalım:

One-Sample Kolmogorov-Smirnov Test

		kazasayisi
N		30
Poisson Parameter[a,b]	Mean	,67
Most Extreme Differences	Absolute	,047
	Positive	,044
	Negative	-,047
Kolmogorov-Smirnov Z		,256
Asymp. Sig. (2-tailed)		1,000

a. Test distribution is Poisson.

b. Calculated from data.

K-S testi sonucuna göre yokluk hipotezi kabul edilir, α=0'dır, Poisson dağılımına uymaktadır.

Artık Poisson regresyon analizini uygulayabiliriz:

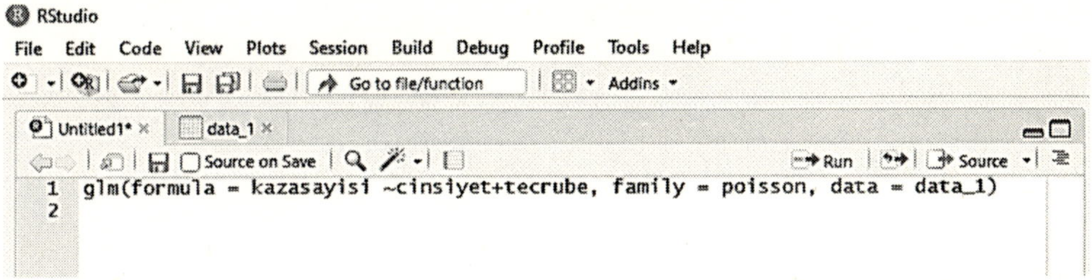

Komut satırında yer alan "glm" ibaresi, "general linear model" demektir. Tilda (;) işaretinin sol tarafındaki değişken Y bağımlı değişkenidir. Sağındakiler ise açıklayıcı değişkenlerdir. Açıklayıcı değişkenlerin sırası önemli değildir ve aralarında "+" konmalıdır. "family=Poisson" ibaresi, R'da kayıtlı olasılık dağılımlarından Poisson dağılımı ile işlem yapmakta olduğumuzu göstermektedir. Son olarak "data"nın sağına, veri dosyamızın ismini yazmalıyız. "run" komutu verildikten sonra aşağıdaki tablo gelmektedir:

```
Console  Terminal ×  Jobs ×
~/
> glm(formula = kazasayisi ~cinsiyet+tecrube, family = poisson, data = data_1)

Call:  glm(formula = kazasayisi ~ cinsiyet + tecrube, family = poisson,
    data = data_1)

Coefficients:
(Intercept)     cinsiyet      tecrube
    -0.2084       1.0600      -0.2278

Degrees of Freedom: 29 Total (i.e. Null);  27 Residual
Null Deviance:      28.36
Residual Deviance: 10.6         AIC: 50.82
> |
```

Tablodaki değerleri inceleyelim. Log-doğrusal modelin sabit parametresi "-0,2084", X1 değişkeninin parametresi "1,06", X2'nin parametresi "-0,2278" olarak tahmin edilmiştir. B_2'nin negatif işaretli olması beklenen bir durumdur zira mantıksal olarak, sürüş tecrübesi arttıkça gerçekleşmesi muhtemel trafik kazalarının sayısının azalması beklenir yani aralarında ters bir orantı vardır.

Modeli daha ayrıntılı bulguları (summary komutu yazarak);

```
Call:
glm(formula = kazasayisi ~ cinsiyet + tecrube, family = "poisson",
    data = ornek5)

Deviance Residuals:
    Min       1Q   Median       3Q      Max
-1.5383  -0.4240  -0.1731   0.2396   1.1547

Coefficients:
            Estimate Std. Error z value Pr(>|z|)
(Intercept)  0.85165    0.36697   2.321   0.0203 *
cinsiyet2    1.06003    0.93340   1.136   0.2561
tecrube     -0.22781    0.09292  -2.452   0.0142 *
---
Signif. codes:  0 '***' 0.001 '**' 0.01 '*' 0.05 '.' 0.1 ' ' 1

(Dispersion parameter for poisson family taken to be 1)

    Null deviance: 28.355  on 29  degrees of freedom
Residual deviance: 10.597  on 27  degrees of freedom
AIC: 50.816

Number of Fisher Scoring iterations: 5
```

```
data:  poisson
z = -3.3788, p-value = 0.9996
alternative hypothesis: true dispersion is greater than 1
sample estimates:
dispersion
 0.5561373
```

Alternatif hipotez; yayılım parametresinin 0'dan büyük olduğu şeklindedir. P-value=0.9996 olduğuna göre yokluk hipotezi kabul edilir yani aşırı yayılım durumu yoktur, Poisson regresyon analizinin bulguları geçerlidir:

```
Deviance Residuals:
    Min        1Q    Median        3Q       Max
-1.5383   -0.4240   -0.1731    0.2396    1.1547
```

Medyan değeri sıfır değil, -0,1731'dir. Çok hafif de olsa bir asimetri söz konusu. Bu nedenle standart hatayı hesaplamak için robust yöntemi uygulamak daha uygun olabilir. Robust yöntemi uyguladığımızda beta katsayılarımız değişmeyecek, sadece tahminlerin standart hataları bir miktar küçülecektir. Normal şekilde tahmin ettiğimiz katsayılar ve standart hataları aşağıdaki gibidir. Burada trafik kazası yapmada cinsiyetin istatistiksel olarak anlamlı olmadığını, sürüş tecrübesinin anlamlı olduğu görülmektedir:

```
Coefficients:
            Estimate Std. Error z value Pr(>|z|)
(Intercept) -0.20838    0.85399  -0.244   0.8072
cinsiyet     1.06003    0.93340   1.136   0.2561
tecrube     -0.22781    0.09292  -2.452   0.0142 *
---
Signif. codes:  0 '***' 0.001 '**' 0.01 '*' 0.05 '.' 0.1 ' ' 1
```

Şimdi robust yöntemle tahmin yapıp standart hatalarda ne kadarlık bir değişme olacak göreceğiz:

Kovaryans matrisini oluşturmalıyız:

```
glm(formula = kazasayisi ~cinsiyet+tecrube, family = poisson, data = data_1)
model1 <-glm(kazasayisi ~cinsiyet+tecrube, data = data_1, family = poisson)
summary.glm(model1)
library(sandwich)
print(summary(model1))
cov.model1<-vcovHC(model1,type="HC0")
```
[71]

[71] "HC0": buradaki rakam olarak sıfırdır, "O" harfi değildir.

Kovaryans matrisi aşağıdaki gibidir:

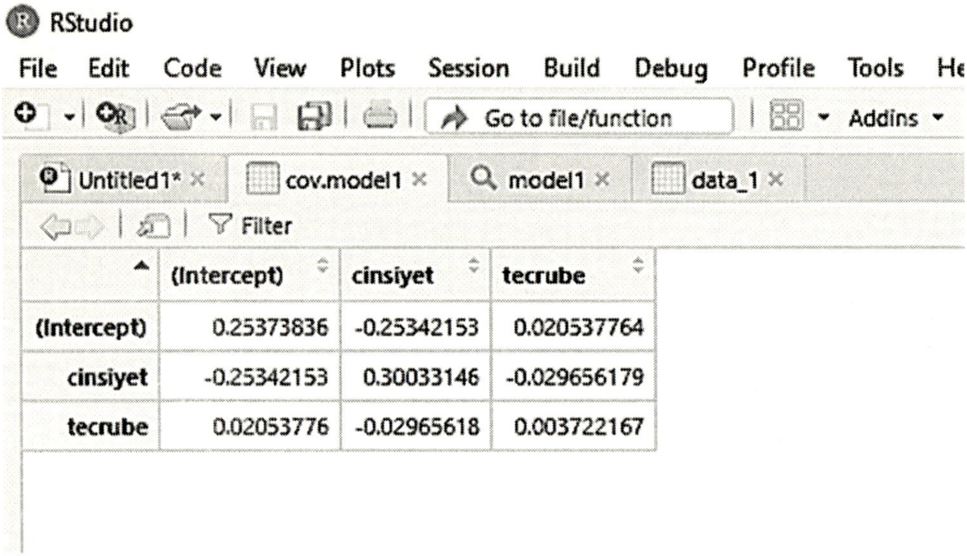

	(Intercept)	cinsiyet	tecrube
(Intercept)	0.25373836	-0.25342153	0.020537764
cinsiyet	-0.25342153	0.30033146	-0.029656179
tecrube	0.02053776	-0.02965618	0.003722167

Robust tahmin kodu aşağıdaki gibidir:

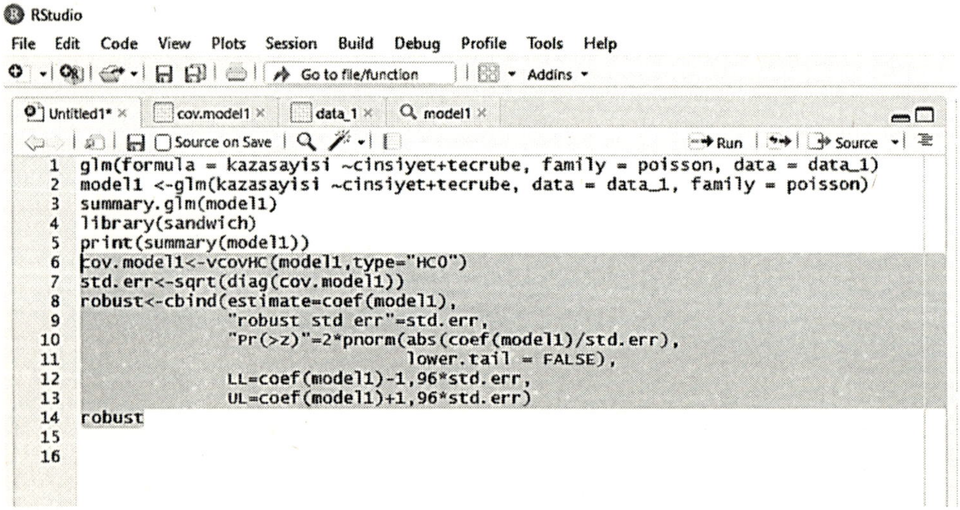


```
glm(formula = kazasayisi ~cinsiyet+tecrube, family = poisson, data = data_1)
model1 <-glm(kazasayisi ~cinsiyet+tecrube, data = data_1, family = poisson)
summary.glm(model1)
library(sandwich)
print(summary(model1))
cov.model1<-vcovHC(model1,type="HC0")
std.err<-sqrt(diag(cov.model1))
robust<-cbind(estimate=coef(model1),
              "robust std err"=std.err,
              "Pr(>z)"=2*pnorm(abs(coef(model1)/std.err),
                              lower.tail = FALSE),
              LL=coef(model1)-1,96*std.err,
              UL=coef(model1)+1,96*std.err)
robust
```

Komut çalıştırıldığında robust tahminler aşağıdaki gibi elde edilir.

```
              estimate robust std err      Pr(>z)          LL                    UL
(Intercept) -0.2083827     0.50372448 0.679105631 -1.20838270 48.357551 0.7916173
cinsiyet     1.0600313     0.54802506 0.053079284  0.06003135 52.610405 2.0600313
tecrube     -0.2278128     0.06100956 0.000188425 -1.22781276  5.856918 0.7721872

(Intercept) 48.357551
cinsiyet    52.610405
tecrube      5.856918
```

Şimdi normal tahminler ile robust tahminleri birlikte görelim:

Normal tahminler	Robust tahminler
Coefficients: Estimate Std. Error (Intercept) -0.20838 0.85399 cinsiyet 1.06003 0.93340 tecrube -0.22781 0.09292	estimate robust std err (Intercept) -0.2083827 0.50372448 cinsiyet 1.0600313 0.54802506 tecrube -0.2278128 0.06100956

Görüldüğü üzere beta tahminleri değişmedi fakat standart hataları daha küçük tahmin edildi. Cinsiyet değişkeni için standart hata 0,93340 iken robust tahmin yapıldığında 0,54802506'ya düşmüştür. Tecrübe için standart hata 0,09292 iken robust tahmin yapıldığında 0,06100956'ya düşmüştür. Her iki durumda da sadece sürüş tecrübesinin bağımlı değişken üzerindeki etkisi istatistiksel olarak anlamlı bulunmuştur, cinsiyet değişkeni robust tahminlerde de anlamlı bulunmamıştır.

Katsayıları yorumlarsak, sürüş tecrübesine ait beta değeri -0.2278128'dir. IRR=exp(beta) değerini bulmalıyız:

IRR=exp(-0.2278128)=0.7962'dir.

$Count(Y_{yeni})=Count(Y)*IRR=Count(Y)*exp(\beta)$ olduğundan, sürüş tecrübesindeki 1 yıllık artış, beklenen kaza oranını 0.7962 ile çarpmaktadır, yani (0.7962-1)*100= -20.38% oranında azaltması beklenir.

Örnek 5. SPSS'te Az Yayılım Durumu (underdispersion)

Y: Son 5 yılda doktora gitme sayısı (scale)

X1: cinsiyet (nominal, 0: erkek, 1:kadın),

X2: kişilerin bugünkü yaşları (scale)

Gözlem sayısı n=32 olmak üzere, data penceresinin bir kısmının görüntüsü aşağıdaki gibidir (Tamamı Ek.1'dedir)

File Edit View Data Transform Analyze Graphs Utilities Add-ons Window

	id	cinsiyet	yaş	doktoragitme	var
1	1,00	1,00	38,00	4,00	
2	2,00	1,00	34,00	5,00	
3	3,00	1,00	43,00	8,00	
4	4,00	1,00	42,00	6,00	
5	5,00	1,00	56,00	8,00	
6	6,00	1,00	59,00	13,00	
7	7,00	1,00	50,00	9,00	
8	8,00	1,00	49,00	6,00	
9	9,00	1,00	50,00	10,00	
10	10,00	1,00	51,00	10,00	
11	11,00	1,00	70,00	15,00	
12	12,00	1,00	41,00	8,00	
13	13,00	1,00	45,00	12,00	
14	14,00	1,00	52,00	13,00	

SPSS'te veri girişinden önce veya sonra değişkenlerin türleri tanıtılmalıdır. Örneğimizdeki değişken türleri aşağıdaki gibidir:

File Edit View Data Transform Analyze Graphs Utilities Add-ons Window Help

	Name	Type	Width	Decimals	Label	Values	Missing	Columns	Align	Measure
1	id	Numeric	8	2		None	None	8	Right	Nominal
2	cinsiyet	Numeric	8	2		{,00, erkek}...	None	8	Right	Nominal
3	yaş	Numeric	8	2		None	None	8	Right	Scale
4	doktoragitme	Numeric	8	2		None	None	8	Right	Scale

Cinsiyet kategorik bir değişkendir. Kategorileri arasında bir üstünlük sıralaması olmadığı için türü nominaldir. Yaş ve doktora gitme sayıları ise scale özelliktedirler.

Y'nin poisson dağılıp dağılmadığını anlamak için öncelikle ortalamasına ve varyansına bakmalıyız:

Descriptive Statistics

	N	Mean	Variance
drgitmesayisi	32	8,8437	8,459
Valid N (listwise)	32		

Varyansının ortalamasından az olduğu görülüyor, az yayılım durumuna benziyor. Bir de tek örneklem K-S testine bakalım:

One-Sample Kolmogorov-Smirnov Test 2

		drgitmesayisi
N		32
Poisson Parameter[a,b]	Mean	8,8438
Most Extreme Differences	Absolute	,068
	Positive	,060
	Negative	-,068
Kolmogorov-Smirnov Z		,384
Asymp. Sig. (2-tailed)		,998

a. Test distribution is Poisson.

b. Calculated from data.

Ho kabul edilir, poissona uygundur:

Poisson regresyon analizini uygulamaya başlayabiliriz:

Adım 1: Analyze-Generalized Linear Models-Generalized Linear Models

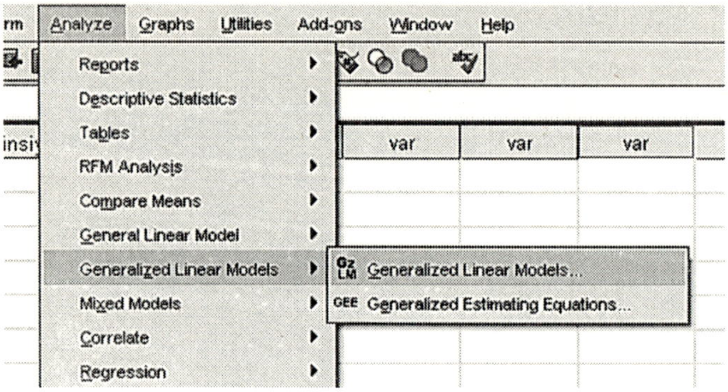

Adım 2: Açılan pencerede yapacağımız tek değişiklik, Type of Model kısmında Poisson loglinear seçmek olacaktır:

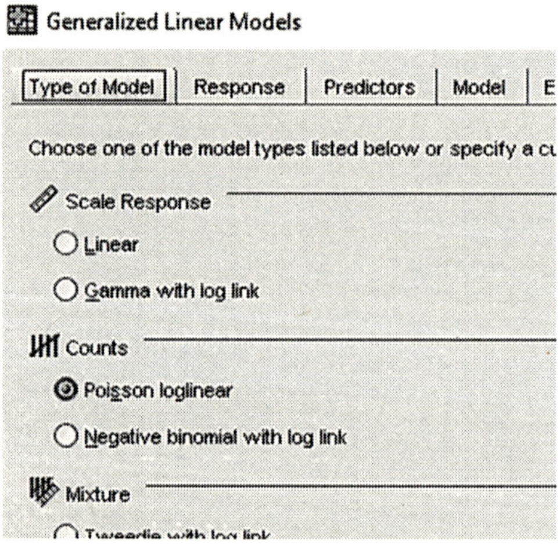

Adım 3: "Response" kısmında cevap değişkenini, bir diğer ifade ile bağımlı değişkeni tanıtıyoruz. Örneğimizde bağımlı değişken son 5 yılda doktora gitme sayısı olduğuna göre, dependent variable kısmında bu değişkeni seçiyoruz.

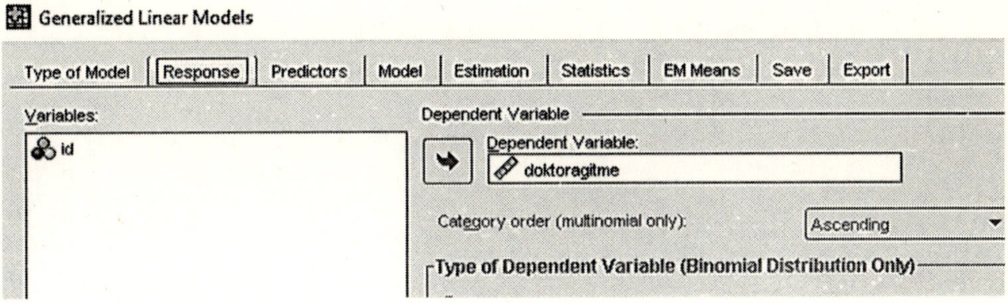

Adım 4: Bu adımda bağımsız değişkenleri tanıtacağız. Predictors kısmında gerekli atamaları aşağıdaki gibi yapmalıyız.

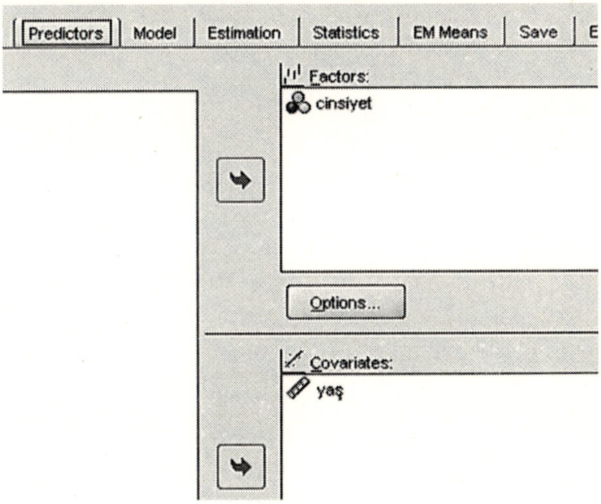

Covariate kısmına "yaş" değişkenini atadık çünkü yaş nicel bir değişkendir. Cinsiyet değişkeni ise nominal olduğu için factors kısmına atadık.

Adım 5: Model kısmında bağımsız değişkenleri sağ tarafa sürükleyip bırakıyoruz.

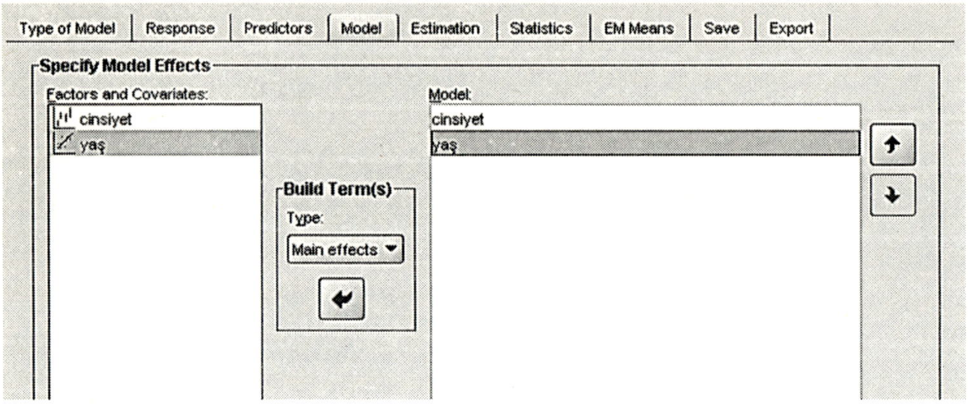

Adım 6. Statistics kısmında hesaplatmak istediğimiz istatistikleri aşağıdaki gibi işaretliyoruz.

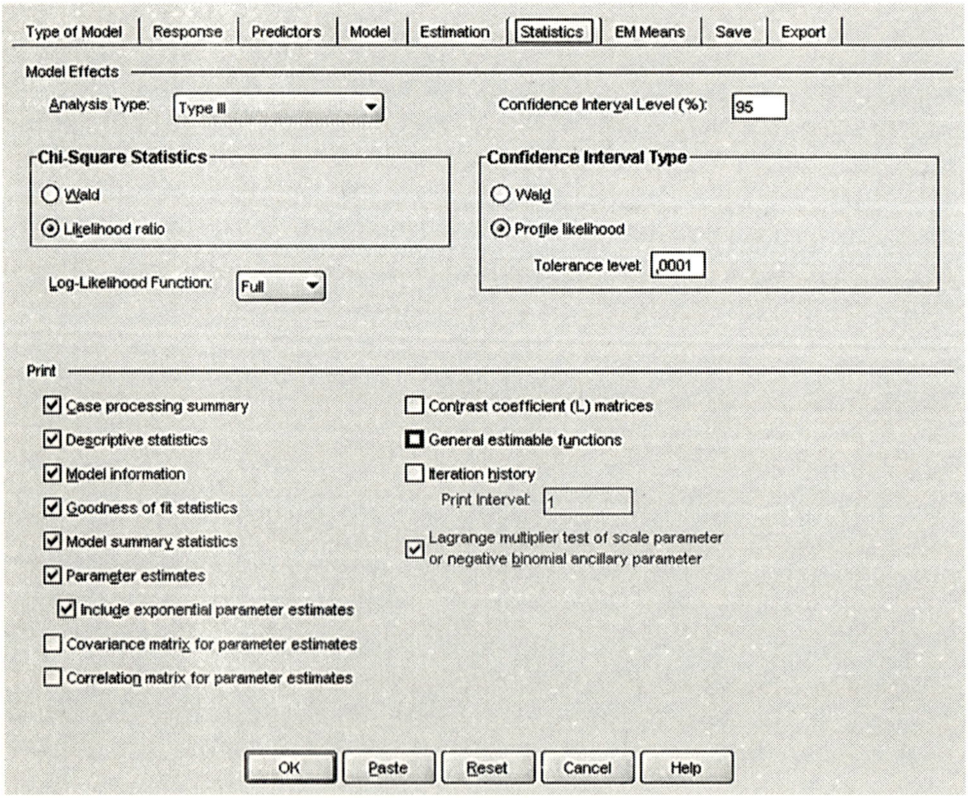

Burada uyum iyiliği testi olarak Wald testi de kullanabiliriz ancak uyum iyiliği ölçümlerinde benzerlik oran testinin daha güçlü olduğunu biliyoruz. Pencere açıldığında işaretli olmayan "include exponential parameter estimates" kısmını da işaretleyip analizi sonlandırıyoruz.

Çıktının yorumlanması:

Model Information

Dependent Variable	doktoragitme
Probability Distribution	Poisson
Link Function	Log

Model bilgisinin verildiği bu tabloda, bağımlı değişkenin "doktoragitme", olasılık dağılımının Poisson dağılımı, link fonksiyonunun logaritmik olduğu görülmektedir.

Case Processing Summary

	N	Percent
Included	32	100,0%
Excluded	0	,0%
Total	32	100,0%

Analize konu olan gözlem sayısı 32'dir, verilerin %100'ü kapsanmıştır, dâhil edilmeyen veri bulunmamaktadır.

Categorical Variable Information

			N	Percent
Factor	cinsiyet	erkek	16	50,0%
		kadın	16	50,0%
		Total	32	100,0%

Veri kümesinin varsayımsal olduğunu yani gerçek veri olmadığını örneğin başında belirtmiştik. Bu tabloda kategorik değişkenin eleman sayıları görülmektedir. Cinsiyet değişkeni iki kategoriden oluşmakta ve her bir kategorisinde 16'şar birim bulunmaktadır.

Continuous Variable Information

		N	Minimum	Maximum	Mean	Std. Deviation
Dependent Variable	doktoragitme	32	4,00	15,00	8,8437	2,90838
Covariate	yaş	32	34,00	70,00	49,8437	8,83581

Sürekli değişken bilgisinin verildiği bu tabloda, bağımlı değişken "doktoragitme", ve "yaş" değişkeni görülmektedir. Analize konu olan 32 kişinin son 5 yılda doktora gitme sayısı ortalama 8,8437 dir. Standart sapması yaklaşık olarak 2,9'dur. En az doktora gitme sayısı 4, en fazla doktora gitme sayısı 15'tir. Kişilerin yaş ortalaması 49,8437 dir, standart sapması 8,83581'dir. En genç kişi 34, en yaşlı kişi 70 yaşındadır.

Goodness of Fit[a]

	Value	df	Value/df
Deviance	26,640	29	,919
Scaled Deviance	26,640	29	
Pearson Chi-Square	26,063	29	,899
Scaled Pearson Chi-Square	26,063	29	
Log Likelihood[b]	-77,036		
Akaike's Information Criterion (AIC)	160,073		
Finite Sample Corrected AIC (AICC)	160,930		
Bayesian Information Criterion (BIC)	164,470		
Consistent AIC (CAIC)	167,470		

Dependent Variable: doktoragitme

Model: (Intercept), cinsiyet, yas

a. Information criteria are in smaller-is-better form.

b.The full log likelihood function is displayed and used in computing information criteria.

Uyum iyiliği tablosunda ilk bakılması gereken kısım "düzeltilmiş deviance"'tır[72]. Bu kısım eğer 1'e eşitse eşit yayılım, 1'den küçükse az yayılım, 1'den büyükse aşırı yayılım var demektir.[73] Tabloda bu değer 0,919'dur. Ki-kare değeri 26.063'tür. $\chi^2_{29;0.05} = 42.557$ tablo değerinden küçük olduğu için Ho:α=0 hipotezi kabul edilir, yani aşırı yayılım yoktur. Düzeltilmiş deviance değeri 1'den küçüktür ama 1'e çok yakın bir değerdir. Bakmamız gereken bir diğer test de omnibus testidir. Şayet anlamlı sonuç vermiş ise, Poisson regresyon modelinin uygun olma özelliği devam etmektedir.

---

[72] Deviance, uyum iyiliği ölçütüdür, sıklıkla yayılım yani dispersion ile karıştırılmaktadır, halbuki dispersion varyansla ilgilidir ama deviance kavramının doğrudan varyans ile ilgisi yoktur. Ayrıca buradaki düzeltilmis devaince değeridir yani deviance değerinin sd'ye bölünmüş halidir.

[73] https://www.icpsr.umich.edu/CrimeStat/files/CrimeStatAppendix.D.pdf, D-13

Omnibus Test[a]

Likelihood Ratio Chi-Square	df	Sig.
3,579	2	,167

Dependent Variable: doktoragitme

Model: (Intercept), cinsiyet, yas

a. Compares the fitted model against the intercept-only model.

Omnibus test tablosu, benzerlik oran Ki-kare test sonucunu göstermektedir. Test sonucunda sadece otonom parametrenin yer aldığı null modelin, prediktörlerin yani bağımsız değişkenlerin de dâhil olduğu kapsamlı modelden daha iyi olduğunu söyleyen yokluk hipotezi kabul edilmiştir. Yani değişkenlerimizin her ikisi de istatistiksel olarak anlamsız bulunmuştur.

Tests of Model Effects

Source	Type III		
	Likelihood Ratio Chi-Square	df	Sig.
(Intercept)	20,965	1	,000
cinsiyet	,138	1	,711
yaş	2,703	1	,100

Dependent Variable: doktoragitme

Model: (Intercept), cinsiyet, yaş

Yukarıdaki tabloda da bağımsız değişkenlerin istatistiksel olarak anlamsız oldukları teyit edilmiş bulunmaktadır.

Az yayılım olması durumunda hurdle modeller kullanılabilir, fakat Y:doktora gitme sayısı değişkeninde hiç sıfır değeri olmadığı için burada sıfır hurdle modeli kullanamayız, başka bir engel değeri seçilmelidir, mesela 1, 3, v.b.

Örnek 6. SPSS ile Aşırı Yayılım Örneği (overdispersion)

Y: Bir ay süresince işe gelinmeyen günlerin sayısı (scale)

X1: Cinsiyet (nominal)

X2: İş memnuniyeti (scale)

Poisson regresyon analizi uygulamak için bazı şartların sağlanması gerekmektedir. İlk koşul, bağımlı değişken Y'nin Poisson dağılımına uygun olması gerekmektedir.

Poisson dağılımının ortalaması ve varyansı birbirine eşit olması gerektiğinden yola çıkarak, bu koşulun sağlanıp sağlanmadığını görebilmek için SPSS'te izlenmesi gereken adımlar şu şekildedir:

Adım. 1: Analyze-descriptives

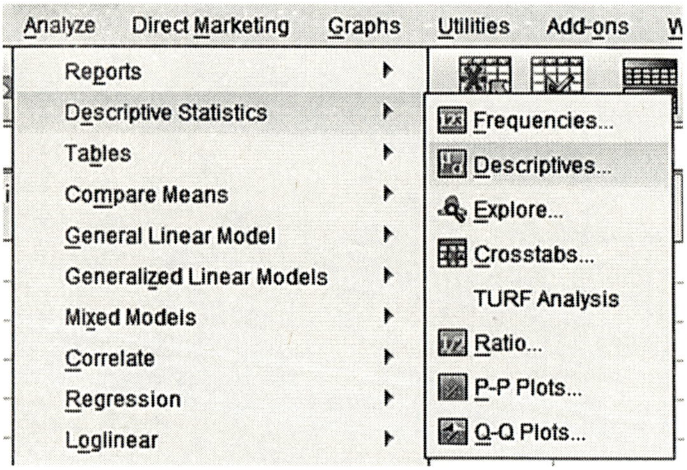

"Descriptives" kısmında Y bağımlı değişkeninin yani sayma verisinin sağ tarafa aktarılması gerekir. Böylece Y'nin ortalama ve varyansının eşit olup olmadığını görebileceğiz:

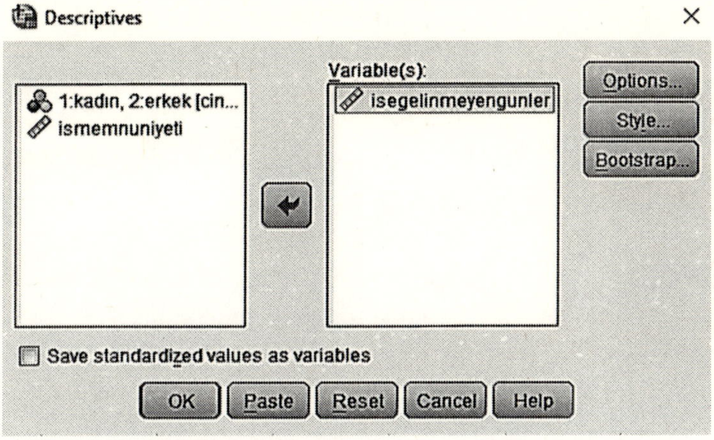

"options" kısmında "ortalama" ve "varyans" işaretlenmelidir.

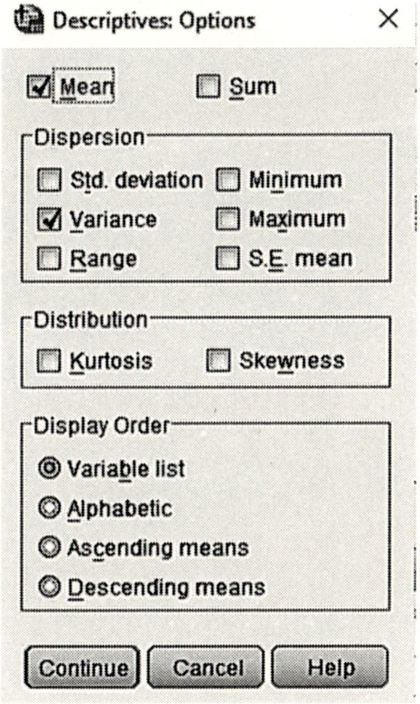

Bu tablo onaylandığında aşağıdaki bulgulara ulaşılmıştır:

Descriptive Statistics

	N	Mean	Variance
isegelinmeyengunsayısı	50	1,32	4,671
Valid N (listwise)	50		

Y'nin ortalaması 1.32, varyansı 4.671'dir.

Adım. 2: Y'nin varyansı ortalamasından oldukça büyüktür, aşırı yayılım durumu gibi görünüyor, overdispersion testi uygulamalıyız, şayet aşırı yayılım var ise poisson modeli kullanamayız.

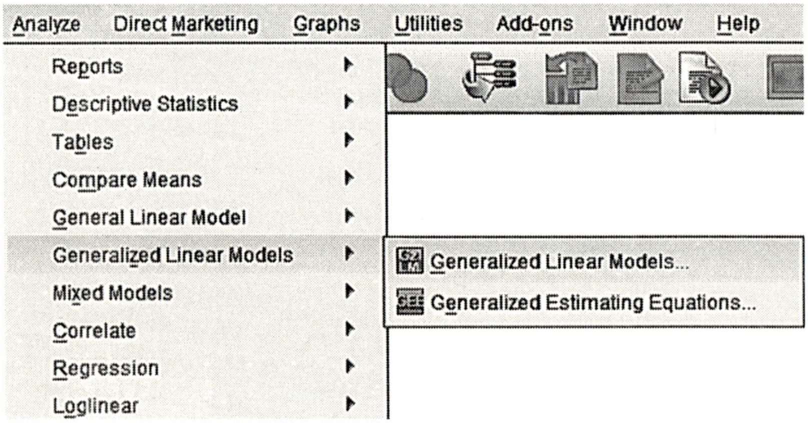

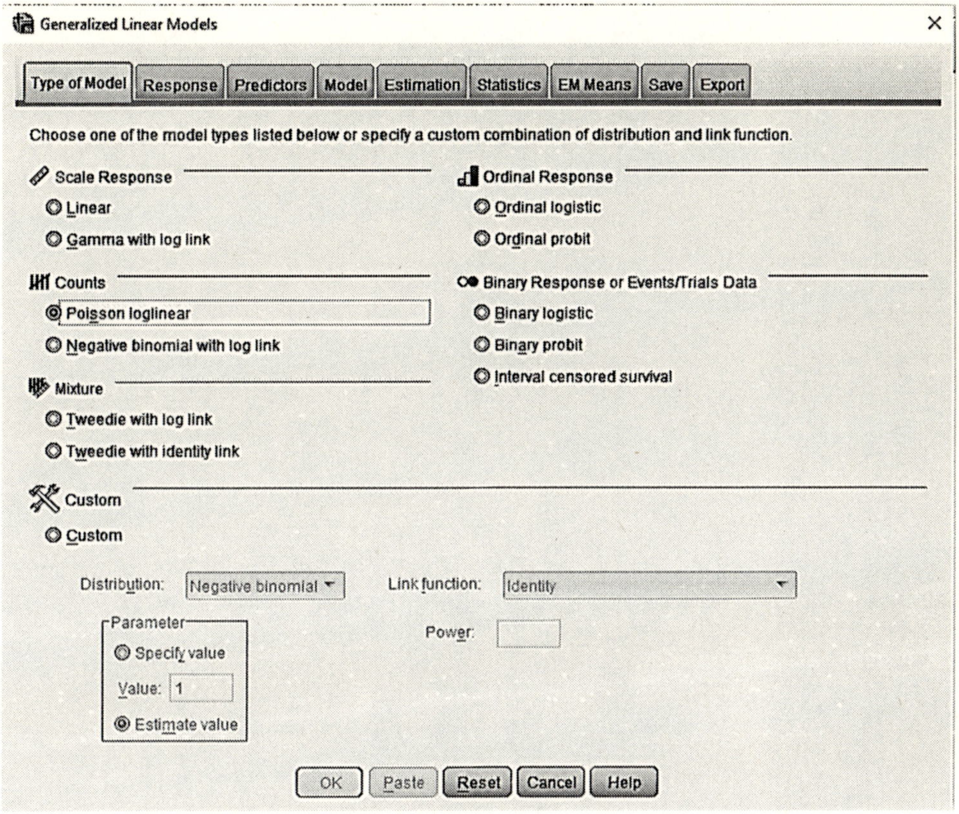

"Type of model" kısmında "Poisson loglinear" kutucuğu işaretlenmelidir.

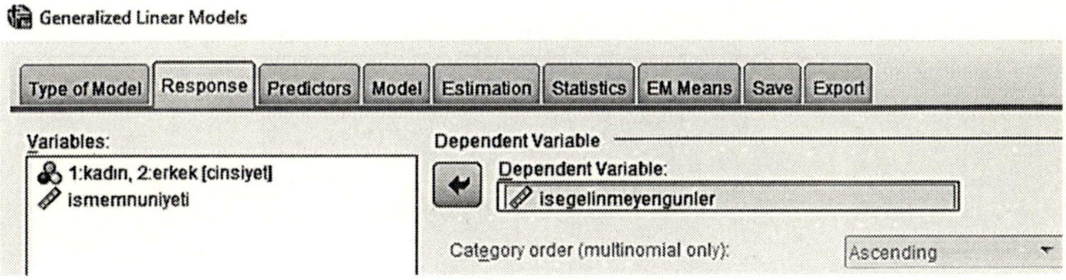

"Response" kısmında, "Y:işe gelinmeyen günler" sağ tarafa aktarılmalıdır.

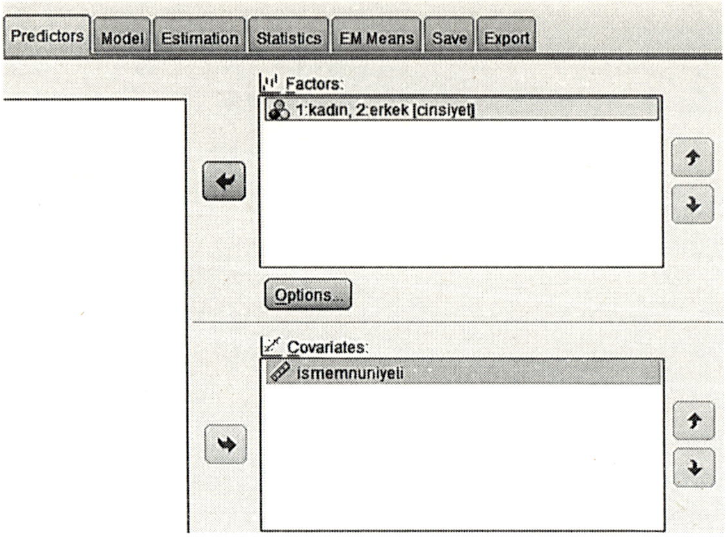

"Predictors" yani açıklayıcı değişkenlere ilişkin bu bölümde, "factors" kısmına nominal değişken, "covariates" kısmına scale olan değişken aktarılmalıdır.

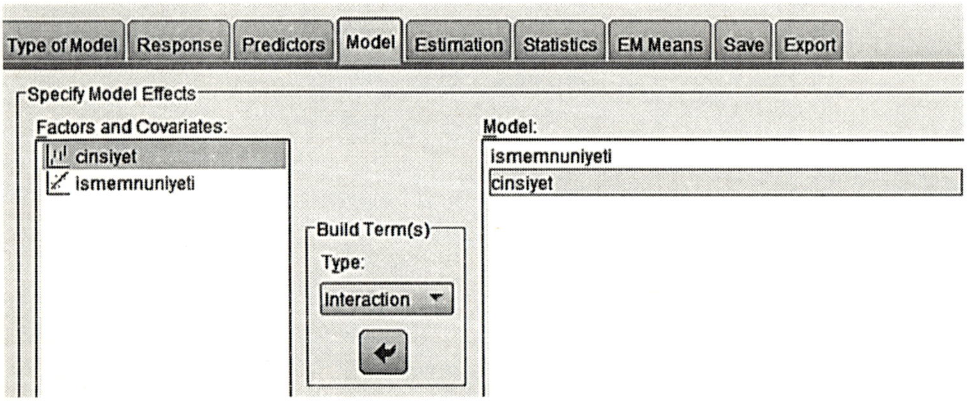

"Model" kısmında, her iki değişken sağ tarafa aktarılır.

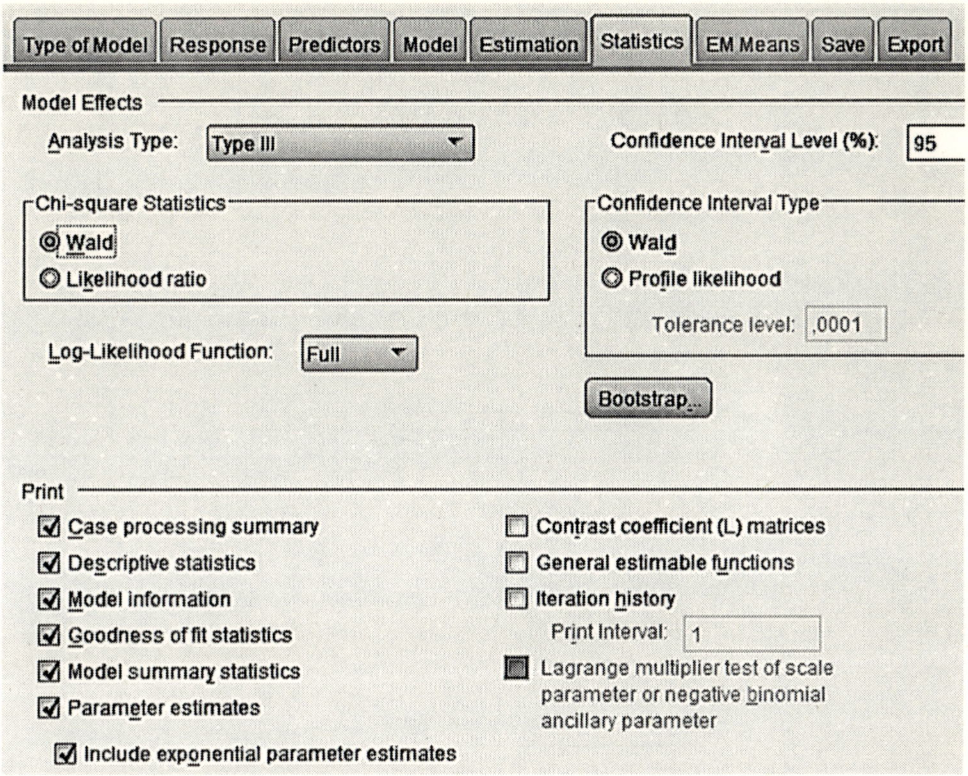

"Statistics" kısmında "include exponential parameter estimates" kutucuğu işaretlenmelidir.

Adım. 4: Bu son aşamadır, onay verildiğinde aşağıdaki sonuçlar elde edilmiştir:

Çıktının yorumlanması

Model Information

Dependent Variable	isegelinmeyengunler
Probability Distribution	Poisson
Link Function	Log

Model Bilgisi: Bağımlı değişken "Bir ay süresince işe gelinmeyen günler"dir. Poisson dağılmaktadır. Analizde kullanılan bağ fonksiyonu logaritmiktir.

Categorical Variable Information

			N	Percent
Factor	1:kadın, 2:erkek	kadın	25	50,0%
		erkek	25	50,0%
		Total	50	100,0%

Kategorik değişken bilgisi: "Cinsiyet" değişkeninde "1:kadın", "2:erkek" olarak kodlanmıştır, toplam 50 kişi vardır, yarısı kadın, diğer yarısı erkek çalışanlardan oluşmaktadır.

Continuous Variable Information

		N	Minimum	Maximum	Mean	Std. Deviation
Dependent Variable	isegelinmeyengunsayısı	50	0	12	1,32	2,161
Covariate	ismemnuniyeti	50	55	100	77,17	12,169

Sürekli değişken bilgisi: Y bağımlı değişkeni kesiklidir ama sayısal olması nedeniyle bu tabloda yer almıştır. "iş memnuniyeti" ise, 0 ile 100 arasında değer alan, ortalaması 77.17, std sapması 12.169 olan sürekli bir değişkendir.

Goodness of Fit[a]

	Value	df	Value/df
Deviance	101,899	47	2,168
Scaled Deviance	101,899	47	
Pearson Chi-Square	129,716	47	2,760
Scaled Pearson Chi-Square	129,716	47	
Log Likelihood[b]	-88,361		
Akaike's Information Criterion (AIC)	182,722		
Finite Sample Corrected AIC (AICC)	183,244		
Bayesian Information Criterion (BIC)	188,458		
Consistent AIC (CAIC)	191,458		

Dependent Variable: isegelinmeyengunsayısı
Model: (Intercept), cinsiyet, ismemnuniyeti

a. Information criteria are in smaller-is-better form.

b. The full log likelihood function is displayed and used in computing information criteria.

Uyum iyiliği tablosu: Bu tabloda "düzeltilmiş deviance" değerinin 1'den büyük olması aşırı yayılım olduğunu göstermektedir.[74] Zaten ki-kare değeri de

[74]https://www.ibm.com/docs/en/spss-statistics/23.0.0?topic=models-goodness-fit-statistics.

tablo değeri olan $\chi^2_{47;0.05}$, 60 'den büyüktür, Ho[75] reddedilir, aşırı yayılım vardır. Negatif binom regresyon modelini tahmin edeceğiz:

Model Information

Dependent Variable	isegelinmeyengunsayısı
Probability Distribution	Negative binomial (1)
Link Function	Log

Goodness of Fit[a]

	Value	df	Value/df
Deviance	43,582	47	,927
Scaled Deviance	43,582	47	
Pearson Chi-Square	47,372	47	1,008
Scaled Pearson Chi-Square	47,372	47	
Log Likelihood[b]	-76,050		
Akaike's Information Criterion (AIC)	158,101		
Finite Sample Corrected AIC (AICC)	158,623		
Bayesian Information Criterion (BIC)	163,837		
Consistent AIC (CAIC)	166,837		

Dependent Variable: isegelinmeyengunsayısı
Model: (Intercept), cinsiyet, ismemnuniyeti

a. Information criteria are in smaller-is-better form.

b. The full log likelihood function is displayed and used in computing information criteria.

Düzeltilmiş deviance değeri 1'e yakındır, Ki-kare değeri, $\chi^2_{47;0.05}$, 60 tablo değerinden küçüktür, data negatif binom regresyon modeline uyumludur.

Omnibus Test[a]

Likelihood Ratio Chi-Square	df	Sig.
6,495	2	,039

Dependent Variable: isegelinmeyengunsayısı
Model: (Intercept), cinsiyet, ismemnuniyeti

a. Compares the fitted model against the intercept-only model.

---

[75] Ho: $\alpha=0$, $H_1:\alpha>0$

Omnibus test sonuçları da açıklayıcı değişkenlerin anlamlı olduğunu teyit etmektedir. Yani otonom parametre dahi açıklayıcı değişkenleri içeren kapsamlı model, sadece otonom parametreli modele tercih edilmelidir.

Parameter Estimates

Parameter	B	Std. Error	95% Wald Confidence Interval		Hypothesis Test			Exp(B)	95% Wald Confidence Interval for Exp(B)	
			Lower	Upper	Wald Chi-Square	df	Sig.		Lower	Upper
(Intercept)	-2,822	1,4636	-5,691	,046	3,718	1	,054	,059	,003	1,047
[cinsiyet=1,00]	-,950	,4724	-1,875	-,024	4,040	1	,044	,387	,153	,977
[cinsiyet=2,00]	0[a]	.	.	.	.	.	.	1	.	.
ismemnuniyeti	,045	,0198	,006	,083	5,109	1	,024	1,046	1,006	1,087
(Scale)	1[b]									
(Negative binomial)	1[b]									

Dependent Variable: isegelinmeyengunsayısı
Model: (Intercept), cinsiyet, ismemnuniyeti

a. Set to zero because this parameter is redundant.

b. Fixed at the displayed value.

Parameter Estimates: Tablonun en solunda yer alan B değerlerine (betalara) bakalım. İş memnuniyeti değişkeni için bu değer "0.045"tir. Cinsiyet değişkeni kategorik ve nominal bir değişkendir. 1:kadın, 2:erkek olarak kodlanmıştır. Tabloda erkek cinsiyetinin sağ tarafında görülen 0^a, bu kategorinin referans alındığını yani erkeklerin referans alındığını göstermektedir. Referans değişkenin IRR değeri exp(B)=1'dir. IRR'nin 1'e eşit olması ise $e^b=1$ demektir, bunun olabilmesi için b'nin sıfır olması gerekir yani Y üzerinde hiçbir etkisi yoktur, erkekler grubunda yer almak ile "bir ay süresince işe gidilmeyen günlerin sayısı" arasında istatistiksel olarak anlamlı bir ilişki bulunmamıştır. Fakat kadınlar için bu değer anlamlıdır. Kadınlar erkeklere göre %61.3 oranında daha az işe gitmezlik yapmaktadırlar (yani kadınların işe gitmediği gün sayısı erkeklerin gitmediği günlerin sayısının %38.7'si kadardır, erkekler 100 gün işe gitmiyorsa, kadınlar 38.7 gün işe gitmemektedirler). Bu oran şöyle bulunmuştur; IRR'nin yorumu yapılırken, tablodaki tahmin değerinden 1 çıkarılır ve sonuç yüzle çarpılır, bulunun sonuç yüzde olarak ifade edilir:

Kadınlar için tahmin edilen IRR=exp(B)=0.387'dir.

(0.387-1)*100= -61.3%

Erkekler için tahmin edilen IRR=exp(B)=1

(1-1)100=0% yani Y üzerinde etkisi bulunmamaktadır.

İş memnuniyeti için de B değeri 0.045'tir. İşe gidilmeyen günleri arttırıcı bir etkisi vardır, iş memnuniyeti arttıkça işe gidilmeyen günlerde azalma beklenmektedir (örnek verileri kurgusal olduğu için burada mantıksal olarak ters bir sonuçla karşılaşmış bulunuyoruz, iş memnuniyeti arttıkça işe gidilmeyen günlerin azalması beklenir). İş memnuniyeti için IRR=exp(B)=1.046'dır. İş memnuniyetindeki 1 birim artış, işe gidilmeyen günlerde 1.046 kat arttırıcı etkiye sahiptir. (1.046-1)*100=4.6%. Bir başka deyişle, iş memnuniyetindeki her bir birimlik artış, işe gidilmeyen gün sayısını %4.6 oranında arttırmaktadır.

Örnek 7. Aşırı Yayılım Durumu (overdispersion)

Y: İş yaşamı boyunca aldığı idari ceza sayısı (scale)

X1: Medeni durum (nominal, 1:evli / 2:bekar)

X2: Cinsiyet (nominal, 1:erkek / 2:kadın)

X3: Üniversite diploma notu (scale)

Adım. 1: Y'nin Poisson dağılıma uygunluğunu araştırıyoruz.

Descriptive Statistics

	N	Mean	Variance
idariceza	50	1,32	4,671
Valid N (listwise)	50		

Poisson dağılıyor gibi görünmüyor, bir de K-S testine bakalım:

One-Sample Kolmogorov-Smirnov Test

		idariceza
N		50
Poisson Parameter[a,b]	Mean	1,32
Most Extreme Differences	Absolute	,120
	Positive	,120
	Negative	-,040
Kolmogorov-Smirnov Z		,850
Asymp. Sig. (2-tailed)		,465

a. Test distribution is Poisson.

b. Calculated from data.

p>0.05, bu durumda dağılımın poissona uygun olduğunu söyleyen yokluk hipotezi kabul edilir.

Adım. 2: Poisson regresyon uyguluyoruz:

Goodness of Fit[a]

	Value	df	Value/df
Deviance	176,330	46	3,833
Scaled Deviance	176,330	46	
Pearson Chi-Square	254,334	46	5,529
Scaled Pearson Chi-Square	254,334	46	
Log Likelihood[b]	-127,560		
Akaike's Information Criterion (AIC)	263,120		
Finite Sample Corrected AIC (AICC)	264,009		
Bayesian Information Criterion (BIC)	270,768		
Consistent AIC (CAIC)	274,768		

Dependent Variable: odulsayısı
Model: (Intercept), cinsiyet, diplomanotu, medenidurum

a. Information criteria are in smaller-is-better form.

b. The full log likelihood function is displayed and used in computing information criteria.

"düzeltilmiş deviance" değeri 1'den oldukça yüksek bir değerdir, Ki-kare değeri de $\chi^2_{46;0.05}$, 60 tablo değerinden oldukça büyüktür, Ho reddedilir, yani aşırı yayılım söz konusudur.

Adım. 3: Negatif binom regresyonu uyguluyoruz.

Model Information

Dependent Variable	idariceza
Probability Distribution	Negative binomial (1)
Link Function	Log

Goodness of Fit[a]

	Value	df	Value/df
Deviance	43,299	46	,941
Scaled Deviance	43,299	46	
Pearson Chi-Square	45,139	46	,981
Scaled Pearson Chi-Square	45,139	46	
Log Likelihood[b]	-75,909		
Akaike's Information Criterion (AIC)	159,818		
Finite Sample Corrected AIC (AICC)	160,707		
Bayesian Information Criterion (BIC)	167,466		
Consistent AIC (CAIC)	171,466		

Dependent Variable: idariceza
Model: (Intercept), cinsiyet, diplomanotu, medenidurum

a. Information criteria are in smaller-is-better form.

b. The full log likelihood function is displayed and used in computing information criteria.

Düzeltilmiş deviance ve Ki-kare değerlerine bakılarak, Negatif binom modeli uygun bulunmuştur.

Uyum iyiliği tablosunda deviance değeri 159.818'e gerilemiştir. PR modele göre NBM'in AIC ve BIC değerleri daha düşük bulunmuştur. Zaten aşırı yayılım durumunda PM kullanamadığımızı belirtmiştik.

Parameter Estimates

			95% Wald Confidence Interval		Hypothesis Test				95% Wald Confidence Interval for Exp(B)	
Parameter	B	Std. Error	Lower	Upper	Wald Chi-Square	df	Sig.	Exp(B)	Lower	Upper
(Intercept)	-2,549	1,5391	-5,566	,467	2,744	1	,098	,078	,004	1,596
[cinsiyet=1,00]	-,929	,4720	-1,854	-,004	3,876	1	,049	,395	,157	,996
[cinsiyet=2,00]	0[a]	.	.	.	.	.	.	1	.	.
diplomanotu	,042	,0201	,003	,082	4,436	1	,035	1,043	1,003	1,085
[medenidurum=1]	-,211	,3963	-,988	,566	,284	1	,594	,810	,372	1,761
[medenidurum=2]	0[a]	.	.	.	.	.	.	1	.	.
(Scale)	1[b]									
(Negative binomial)	1[b]									

Dependent Variable: idariceza
Model: (Intercept), cinsiyet, diplomanotu, medenidurum

a. Set to zero because this parameter is redundant.

b. Fixed at the displayed value.

Cinsiyet değişkeni sadece kadınlar için istatistiksel olarak anlamlıdır. Erkeklere ilişkin IRR=Exp(B)=1'dir, yani erkeklerin betası 0'dır. Kadınlar erkeklerin aldığı ceza sayısının 0.395'ini almaktadırlar. Bir başka deyişle;

(0.395-1)*100= -60.5%, erkeklere göre %60.5 daha az idari ceza almaktadırlar.

Diploma notu istatistiksel olarak anlamlıdır. IRR=exp(B)=1.043'tür. (1.043-1)*100=4.3%, Diploma puanının 1 puan artması iş yaşamı boyunca idari ceza almayı %4.3 oranında arttırmaktadır.

Medeni durum istatistiksel olarak anlamlı değildir, yani evli veya bekâr olmanın idari ceza alma üzerindeki etkisi istatistiksel olarak anlamlı değildir. Fakat evli ve bekârlar arasındaki fark yorumlanabilir, 1:evli, 2:bekâr olmak üzere, IRR=exp(B)=0.810'dur, evliler bekârlara göre %19 daha az idari ceza almaktadırlar.

Örnek olması amacıyla, aslında bu örnekte ihtiyaç olmamasına rağmen denge değişkeni kullanarak da tahmin yapalım:[76]

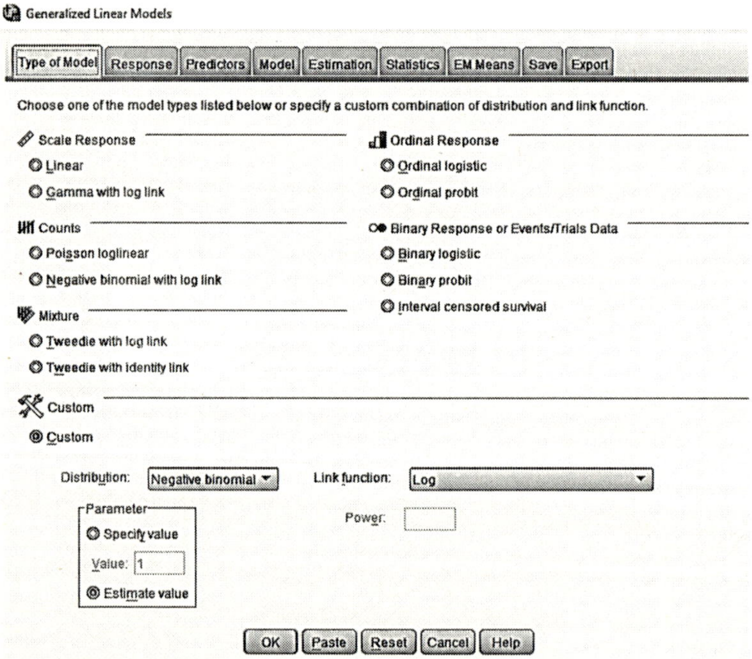

[76] PRM (Poisson regresyon modeli) ve NBRM (Negatif binom regresyon modeli) genellikle sabit bir zaman aralığında veya uzayda meydana gelen olayların sayısı için kullanılmalarına rağmen bazı olaylar aynı uzunluktaki zaman periyodunda gerçekleşmeyebilirler. Bir hastalıktan kurtulma değişik kişilerde farklı uzunlukta gerçekleşebilir, bir hasta için 2 ay sürebilirken, bir başka hasta için 3 ayı bulabilir. Böyle durumlarda yani zamanı sabit kabul etmenin uygun olmadığı durumlarda denge değişkeninden (ancillary parameter) faydalanılabilir. Denge değişkeni, gözlemlenen olayların farklı meydana gelme düzeylerini hesaba katarak bu sorunun çözülmesini sağlamaktadır.

Goodness of Fit[a]

	Value	df	Value/df
Deviance	47,416	45	1,054
Scaled Deviance	47,416	45	
Pearson Chi-Square	50,930	45	1,132
Scaled Pearson Chi-Square	50,930	45	
Log Likelihood[b]	-75,768		
Akaike's Information Criterion (AIC)	161,535		
Finite Sample Corrected AIC (AICC)	162,899		
Bayesian Information Criterion (BIC)	171,095		
Consistent AIC (CAIC)	176,095		

Dependent Variable: idariceza
Model: (Intercept), cinsiyet, medenidurum, diplomanotu

a. Information criteria are in smaller-is-better form.

b. The full log likelihood function is displayed and used in computing information criteria.

Düzeltilmiş deviance ve Ki-kare değerleri modelin uygun olduğunu gösteriyor.

Parameter Estimates

Parameter	B	Std. Error	95% Wald Confidence Interval		Hypothesis Test			Exp(B)	95% Wald Confidence Interval for Exp(B)	
			Lower	Upper	Wald Chi-Square	df	Sig.		Lower	Upper
(Intercept)	-2,499	1,4619	-5,364	,367	2,921	1	,087	,082	,005	1,443
[cinsiyet=1,00]	-,905	,4475	-1,783	-,028	4,094	1	,043	,404	,168	,972
[cinsiyet=2,00]	0[a]	.	.	.	.	.	.	1	.	.
[medenidurum=1]	-,213	,3745	-,947	,521	,324	1	,569	,808	,388	1,683
[medenidurum=2]	0[a]	.	.	.	.	.	.	1	.	.
diplomanotu	,042	,0191	,004	,079	4,756	1	,029	1,042	1,004	1,082
(Scale)	1[b]									
(Negative binomial)	,813	,3220	,374	1,767						

Dependent Variable: idariceza
Model: (Intercept), cinsiyet, medenidurum, diplomanotu

a. Set to zero because this parameter is redundant.

b. Fixed at the displayed value.

IRR=exp(beta) değerleri birbirine çok yakın bulundu, anlamlı değişkenlerde değişiklik olmadı. Fakat denge değişkeninin 1'de sabitlendiği ilk NB modelinin AIC değeri=159.818 ile son modelin AIC=161.535'ten daha düşük olduğu için bir önceki NB modeli tercih etmeliyiz. Yani bu örnek için denge değişkeni ile tahmin yapmak anlamsız bulunmuştur.

Örnek 8. R'da Aşırı Sıfır Durumu Örneği (ZIP,ZINB,HURDLE)

170 sürücü ile görüşülmüş ve son 10 yılda kaç defa trafik kazası yaptıkları, sürüş tecrübelerinin kaç yıl olduğu ve araç sigortalarının olup olmadığı sorulmuştur. Y bağımlı değişkeni son 10 yılda yaptıkları trafik kazası sayısıdır ve 4 adet açıklayıcı değişken aşağıdaki gibidir:

Y=kazasayisi: son 10 yılda yapılan trafik kazası sayısı (count data, tam sayı, scale)

X1=cinsiyet: Cinsiyet (nominal, 1:kadın, 0:erkek)

X2=sigorta: araç kasko durumu (nominal, 1:var, 0:yok)

X3=yas: sürücünün yaşı (scale)

X4=surustecrubesi: yıl olarak araç sürme tecrübesi (scale)

Y'nin Poisson dağılımına uygunluğuna bakalım:

Descriptive Statistics

	N	Mean	Variance
kazasayisi	170	13,1882	476,651
Valid N (listwise)	170		

Varyansı ortalamadan oldukça büyük, Poisson dağılmadığını söyleyebiliriz, yine de K-S testi sonuçlarına bakalım:

One-Sample Kolmogorov-Smirnov Test

		kazasayisi
N		170
Poisson Parameter[a,b]	Mean	13,1882
Most Extreme Differences	Absolute	,444
	Positive	,444
	Negative	-,054
Kolmogorov-Smirnov Z		5,787
Asymp. Sig. (2-tailed)		,000

a. Test distribution is Poisson.

b. Calculated from data.

Evet, Y bağımlı değişkeninin Poisson dağılmadığı K-S test sonuçlarından görülüyor.

Aslında PM modeli tahmin etmek yersiz, ama bu bir örnek olduğu için öğretici olması ve AIC değerlerini kıyaslamak için (PM modelin uygun olmadığını teyit etme maksatlı) sayma verisi regresyon adımlarımıza Poisson regresyon ile başlayalım, zaten aşırı yayılım çıkacak ve başka uygun model arayışına gireceğiz:

R'da değişken türlerini tanıtmalıyız:

```
newdata1$kazasayisi<-as.integer(newdata1$kazasayisi)
newdata1$yas<-as.integer(newdata1$yas)
newdata1$surustecrubesi<-as.integer(newdata1$surustecrubesi)
newdata1$cinsiyet<-as.factor(newdata1$cinsiyet)
newdata1$sigortadurumu<-as.factor(newdata1$sigortadurumu)
```

Y bağımlı değişkeni yani kazasayısı, yaş ve sürüş tecrübesi değişlenleri "<-as.integer" şeklinde tanımlanırlar. Nominal değişkenler olan cinsiyet ve sigorta durumu ise "<-as.factor" şeklinde tanımlanmaktadırlar.

newdata1$kazasayisi: Dosyanın ismidir. Bu komut, veri dosyasındaki Y üzerinde (kaza sayısı) işlem yapılacağını göstermektedir.

Verileri tablolar halinde görmek için;

```
tab<-table(newdata1$kazasayisi)
tab<-table(newdata1$cinsiyet)
tab<-table(newdata1$sigortadurumu)
tab<-table(newdata1$yas)
tab<-table(newdata1$surustecrubesi)
tab
```

Eğer sadece sonuna "tab" yazarsanız, en sondaki değişkenin tablosunu verir;

```
> tab<-table(newdata1$kazasayisi)
> tab<-table(newdata1$cinsiyet)
> tab<-table(newdata1$sigortadurumu)
> tab<-table(newdata1$yas)
> tab<-table(newdata1$surustecrubesi)
> tab

 2  3  4  5  6  7  8  9 10 11 12 13 14 15 16 17 18 19
 1  2  3  2  2  6 12  1 17  4 13  8 48  9 15  3 15  9
```

Her değişkenden sonra aralara da "tab" yazılırsa, veriler ayrı ayrı görülebilir:

```
tab<-table(newdata1$kazasayisi)
tab
tab<-table(newdata1$cinsiyet)
tab
tab<-table(newdata1$sigortadurumu)
tab
tab<-table(newdata1$yas)
tab
tab<-table(newdata1$surustecrubesi)
tab
```

```
> tab<-table(newdata1$kazasayisi)
> tab

  0   1   2   5   6   8   9  10  11  12  15  16  17  19  20  22  25 106 117
 35   1  14  18  11  13   4  16   9   7   4   2  21   1   5   2   1   1   5
> tab<-table(newdata1$cinsiyet)
> tab

 0  1
91 79
> tab<-table(newdata1$sigortadurumu)
> tab

  0   1
138  32
> tab<-table(newdata1$yas)
> tab

-24  35  36  37  38  39  40  41  42  43  44  45  46  47  48  49  50  51  52  53  54  55
  1   7  11  11   6   9  14   8  10  13   6  10   4   7   5   3   7   4   1   4   6  23
> tab<-table(newdata1$surustecrubesi)
> tab

 2  3  4  5  6  7  8  9 10 11 12 13 14 15 16 17 18 19
 1  2  3  2  2  6 12  1 17  4 13  8 48  9 15  3 15  9
```

En son tabloyu yorumlarsak, sürüş tecrübesi 2 yıl olan 1 kişi, 18 yıl olan 15 kişi, 19 yıl olan 9 kişi vardır, vb.

```
> tab<-table(newdata1$cinsiyet)
> tab

 0  1
91 79
```

X1: Cinsiyet değişkenidir. 1:kadın, 0:erkek olarak kodlanmıştır. Çalışmaya katılan 170 kişiden 79'u kadın, 91'i erkektir.

```
> tab<-table(newdata1$sigortadurumu)
> tab

  0   1
138  32
```

Çalışmaya katılan 170 kişiden 138'inin trafik sigortası yoktur, 32'sinin vardır.

Veri girişleri ve tanımlamalar yapıldığına göre, artık sayma verisi regresyın analizine geçebiliriz. İlk önce Poisson regresyon modelini tahmin ederek, aşırı yayılım durumu veya sıfır enflasyonu sorunları varsa buna uygun modeller ile devam edeceğiz:

Poisson regresyon analizinin uygulanması:

Modelin ismi "Poisson" dur.

glm; generalized linear model

kazasayisi;cinsiyet+sigortadurumu+yas+surustecrubesi, en solda modelin bağımlı değişkeni Y, sağdakiler açıklayıcı değişkenlerdir.

data=newdata1, bu örnekte veri dosyamızın ismi "newdata1" olduğu için bu şekilde ifade edilmektedir. Dosya ismi ne ise o yazılmalıdır. Elbette öncelikle veri kümesini tanıtmış olmak gereklidir (Excel'den import edebilirsiniz).

summary(Poisson), Poisson'un parametre tahminlerini hesaplatmak için summary komutu kullanılmaktadır:

Poisson modelin bulguları:

```
View(newdata1)
poisson<-glm(formula=kazasayisi~cinsiyet+sigortadurumu+yas+surustecrubesi,
             family="poisson",data=newdata1)
summary(poisson)
```

```
Deviance Residuals:
    Min       1Q   Median       3Q      Max
-6.2303  -3.1451  -1.3645   0.5453  17.8804

Coefficients:
                Estimate Std. Error z value Pr(>|z|)
(Intercept)     1.306494   0.158884   8.223  < 2e-16 ***
cinsiyet1      -0.154445   0.046830  -3.298 0.000974 ***
sigortadurumu1  0.316328   0.054729   5.780 7.48e-09 ***
yas             0.023279   0.003141   7.411 1.25e-13 ***
surustecrubesi  0.008929   0.006117   1.460 0.144373
---
Signif. codes:  0 '***' 0.001 '**' 0.01 '*' 0.05 '.' 0.1 ' ' 1

(Dispersion parameter for poisson family taken to be 1)

    Null deviance: 3181.8  on 169  degrees of freedom
Residual deviance: 3073.7  on 165  degrees of freedom
AIC: 3636.9

Number of Fisher Scoring iterations: 6
```

R'da "estimate" kolonu altındaki tahmin değerleri betalardır, Poisson regresyon analizi log lineer bir model olduğu için bu katsayılar doğrudan yorumlanamazlar. Rate ratio haline dönüştürülmeleri yani $RR = [Exp(beta) - 1] * 100$ işlemi uygulanmalıdır. R'da exp(beta) değerleri hesaplatılabilir:

"exp(coef(Poisson))"

```
> exp(coef(poisson))
(Intercept)       cinsiyet1 sigortadurumu1             yas surustecrubesi
  3.6932021       0.8568908      1.3720798       1.0235526      1.0089687
```

Sonuç tablosuna bakıldığında, sürüş tecrübesi hariç tüm açıklayıcı değişkenler istatistiksel olarak anlamlı bulunmuşlardır. Elbette bu çok mantıklı değildir, zira kaza sayısı üzerinde sürüş tecrübesinin çok olmasının negatif bir etkisi olması beklenir ancak veri kümesi varsayımsal bir kümedir, gerçekleri yansıtması beklenmemelidir. Amacımız sayma verisi regresyon modellerinden hangisinin hangi durumlarda en uygun model olduğunu tespit etmeye çalışmaktır.

Cinsiyet değişkeninde kodlama, kadınlar için "1", erkekler için "0"dır. Kadın sürücülerin son 10 yılda yaptıkları kaza sayısı erkeklerin yaptıkları kaza sayısının yaklaşık 0.856 katıdır yani RR=(0.8568908-1)*100= -%14.31 oranında daha azdır. Kadın sürücü grubuna dâhil olmak, trafik kazası yapmayı %14.31 oranında azaltıcı etkiye sahiptir.

Sigorta durumu değişkeninde kodlama; sigortası olanların "1", olmayanların "0" dır. Sigortalı olmanın kaza yapmayı 1.37 kat arttırıcı etkisi vardır. RR=(1.3720798-1)*100=%37.2'dir. Sigortası olanların sigortası olmayanlara göre %37.2 daha fazla kaza yaptıkları söylenebilir.

Yaş değişkeni için; artan her bir yaş için 1.02 katı bir artış beklenir, yani RR=(1.0235526-1)*100= %2.35'tir. Yaş 1 yaş büyüdükçe, kaza sayısının %2.35 oranında artmaktadır. Sürüş tecrübesi değişkeni istatistiksel olarak anlamlı bulunmamıştır, bu nedenle katsayısı yorumlanmamıştır.

PM modeli öğrenme amaçlı tahmin etmiştik, aslında aşırı yayılım olduğunu başından beri biliyoruz. R'da aşırı yayılım olduğunu gösterelim:

```
> dispersiontest(poisson)

        Overdispersion test

data:  poisson
z = 2.8699, p-value = 0.002053
alternative hypothesis: true dispersion is greater than 1
sample estimates:
dispersion
  31.77087
```

P-value=0.002053 olduğuna göre yokluk hipotezi reddedilir, yani aşırı yayılım durumu vardır. Bu durumda az önce yukarıda bulduğumuz Poisson regresyon analizinin bulguları geçerli değildir. Negatif binom regresyonu ile tahminlerimize devam ediyoruz:

Negatif binom regresyon modeli bulguları:

R'da Negatif binom regresyon Analizi için library (MASS) paketi yüklenmelidir.

```
Call:
glm.nb(formula = kazasayisi ~ cinsiyet + sigortadurumu + yas +
    surustecrubesi, data = newdata1, init.theta = 0.6108740561,
    link = log)

Deviance Residuals:
    Min       1Q   Median       3Q      Max
-2.0798  -0.9344  -0.3156   0.1389   2.9322

Coefficients:
                Estimate Std. Error z value Pr(>|z|)
(Intercept)      1.35542    0.64252   2.110   0.0349 *
cinsiyet1       -0.15381    0.20957  -0.734   0.4630
sigortadurumu1   0.45485    0.26802   1.697   0.0897 .
yas              0.01781    0.01239   1.437   0.1508
surustecrubesi   0.02170    0.02763   0.785   0.4322
---
Signif. codes:  0 '***' 0.001 '**' 0.01 '*' 0.05 '.' 0.1 ' ' 1

(Dispersion parameter for Negative Binomial(0.6109) family taken to be 1)

    Null deviance: 204.85  on 169  degrees of freedom
Residual deviance: 199.38  on 165  degrees of freedom
AIC: 1176.2

Number of Fisher Scoring iterations: 2


              Theta:  0.6109
          Std. Err.:  0.0720
Warning while fitting theta: alternation limit reached

 2 x log-likelihood:  -1164.1640
```

Negatif binom regresyon analizi ile elde edilen bulgulara bakılırsa aşırı yayılım sorunu çözülmüş bulunmaktadır, fakat açıklayıcı değişkenlerin tamamı istatistiksel olarak anlamsız bulunmuştur. Bu durumda Negatif binom regresyon analizi için uygundur denilemez. Tahminlerimize ZIP ve HURDLE modellerle devam edeceğiz, AIC değerlerine bakarak en uygun modelin hangisi olduğuna en sonunda karar vereceğiz, çünkü sayma verisi regresyon modellerinde bazen hangi modelin uygun olduğu açıkça görülürken, bazen de bu örnekte olduğu gibi birden fazla sayıda model denemek gerekebilir.

Bağ fonksiyonu logit olan hurdle Poisson model ile tahmin edelim:

Hurdle modelin çalışması için "pscl" yüklenmelidir.

```
Call:
hurdle(formula = kazasayisi ~ cinsiyet + sigortadurumu + yas + surustecrubesi, data = newdata1,
    dist = "poisson", link = "logit")

Pearson residuals:
    Min      1Q  Median      3Q     Max
-2.1959 -1.2968 -0.6125  0.2905 17.0040

Count model coefficients (truncated poisson with log link):
                Estimate Std. Error z value Pr(>|z|)
(Intercept)     0.727074   0.173084   4.201 2.66e-05 ***
cinsiyet1      -0.188150   0.047733  -3.942 8.09e-05 ***
sigortadurumu1  0.291032   0.054629   5.327 9.96e-08 ***
yas             0.041006   0.003443  11.910  < 2e-16 ***
surustecrubesi  0.012692   0.006177   2.055   0.0399 *
Zero hurdle model coefficients (binomial with logit link):
                Estimate Std. Error z value Pr(>|z|)
(Intercept)     4.597927   1.491869   3.082  0.00206 **
cinsiyet1      -0.021220   0.397414  -0.053  0.95742
sigortadurumu1  0.197326   0.531449   0.371  0.71041
yas            -0.073854   0.030006  -2.461  0.01384 *
surustecrubesi  0.005259   0.052581   0.100  0.92033
---
Signif. codes:  0 '***' 0.001 '**' 0.01 '*' 0.05 '.' 0.1 ' ' 1

Number of iterations in BFGS optimization: 12
Log-likelihood: -1390 on 10 Df
```

Hurdle Poisson modelin bulgularına bakıldığında tüm açıklayıcı değişkenlerin istatistiksel olarak anlamlı olduğu görülmektedir. Üst taraftaki sonuçlar, modelin sayma verisi kısmına aittir, alttakiler ise yapısal sıfırların bulunduğu kısma ait sonuçlardır. Üst tarafın katsayılarının exponansiyel değerleri;

```
> exp(coef(hpoisson))
 count_(Intercept)    count_cinsiyet1 count_sigortadurumu1     count_yas count_surustecrubesi
         2.0690171          0.8284904            1.3378079     1.0418582            1.0127726
  zero_(Intercept)     zero_cinsiyet1  zero_sigortadurumu1      zero_yas  zero_surustecrubesi
        99.2782905          0.9790037            1.2181414     0.9288072            1.0052731
```

Tüm açıklayıcı değişkenler istatistiksel olarak anlamlı bulunduğuna göre hepsini yorumlayacağız:

Cinsiyet değişkeni için; kadın sürücüler erkeklerin yaptığı kazaların IRR=0.8284 katı kadar kaza yapmaktadırlar, (0.8284904-1)*100 = -%17.15. Kadınlar erkeklere kıyasla %17.15 daha az trafik kazası yapmaktadırlar.

Sigorta durumu değişkeni için; sigortası olanlar olmayanlara göre 1.337 kat fazla kaza yapmaktadırlar, (1.3378079-1)*100= %33.78'dir. Sigortası olanlar olmayanlara oranla %33.78 daha fazla kaza yapmaktadırlar.

Yaş değişkeni için; yaş 1 yaş arttıkça beklenen kaza yapma sayısı ortalama IRR=1.04185 kat artmaktadır, (1.0418582-1)*100= %4.19'dur. Yaş, bir birim arttıkça beklenen trafik kazası sayısı %4.19 artmaktadır.

Sürüş tecrübesi değişkeni için; tecrübe 1 birim arttıkça beklenen kaza sayısı ortalama 1.01277 kat artmaktadır, (1.0127726-1)*100= %1.28'dir. Sürüş tecrübesi bir birim arttığında yapılan trafik kazası %1.28 artmaktadır.

Şimdi de bağ fonksiyonu logit olan hurdle Negatif binom model ile tahmin edelim:

```
Count model coefficients (truncated negbin with log link):
                 Estimate Std. Error z value Pr(>|z|)
(Intercept)      1.135431   0.479380   2.369  0.01786 *
cinsiyet1       -0.164577   0.180053  -0.914  0.36069
sigortadurumu1   0.515619   0.245486   2.100  0.03569 *
yas              0.025141   0.007434   3.382  0.00072 ***
surustecrubesi   0.026479   0.022057   1.201  0.22994
Log(theta)       0.114816   0.166763   0.688  0.49114
Zero hurdle model coefficients (binomial with logit link):
                 Estimate Std. Error z value Pr(>|z|)
(Intercept)      4.597927   1.491869   3.082  0.00206 **
cinsiyet1       -0.021220   0.397414  -0.053  0.95742
sigortadurumu1   0.197326   0.531449   0.371  0.71041
yas             -0.073854   0.030006  -2.461  0.01384 *
surustecrubesi   0.005259   0.052581   0.100  0.92033
---
Signif. codes:  0 '***' 0.001 '**' 0.01 '*' 0.05 '.' 0.1 ' ' 1

Theta: count = 1.1217
Number of iterations in BFGS optimization: 11
Log-likelihood: -570.9 on 11 Df
```

```
> exp(coef(hppoisson))
 count_(Intercept)     count_cinsiyet1 count_sigortadurumu1      count_yas count_surustecrubesi
         3.1125135           0.8482521            1.6746744      1.0254592            1.0268332
  zero_(Intercept)      zero_cinsiyet1  zero_sigortadurumu1       zero_yas  zero_surustecrubesi
        99.2782905           0.9790037            1.2181414      0.9288072            1.0052731
```

Bu modelde sadece sigorta durumu ve yaş istatistiksel olarak anlamlı bulunmuştur.

Sigorta durumu değişkeni için; (1.6746744-1)*100=%67.47'dir. Sigortası olanlar olmayanlara göre %67.47 daha fazla trafik kazası yapmaktadırlar. Sigortalı olma durumu beklenen kaza sayısını 1.674 kat arttırmaktadır.

Yaş değişkeni için; (1.0254592-1)*100= %2.55'tir. Yaş bir birim arttıkça beklenen trafik kazası %2.55 artmaktadır. Yaş 1 birim yani 1 yaş arttığında trafik kazası yapma 1.025 kat artmaktadır.

Bağ fonksiyonu probit olan hurdle Poisson model ile tahmin edelim:

```
Call:
hurdle(formula = kazasayisi ~ cinsiyet + sigortadurumu + yas + surustecrubesi, data = newdata1, dist = "poisson",
    link = "probit")

Pearson residuals:
    Min      1Q  Median      3Q     Max
-2.2110 -1.3079 -0.6113  0.2960 17.0292

Count model coefficients (truncated poisson with log link):
                Estimate Std. Error z value Pr(>|z|)
(Intercept)     0.727074   0.173084   4.201 2.66e-05 ***
cinsiyet1      -0.188150   0.047733  -3.942 8.09e-05 ***
sigortadurumu1  0.291032   0.054629   5.327 9.96e-08 ***
yas             0.041006   0.003443  11.910  < 2e-16 ***
surustecrubesi  0.012692   0.006177   2.055   0.0399 *
Zero hurdle model coefficients (binomial with probit link):
                Estimate Std. Error z value Pr(>|z|)
(Intercept)     2.648520   0.839741   3.154  0.00161 **
cinsiyet1      -0.021082   0.227768  -0.093  0.92625
sigortadurumu1  0.115065   0.304512   0.378  0.70553
yas            -0.041972   0.017140  -2.449  0.01434 *
surustecrubesi  0.004045   0.029894   0.135  0.89236
---
Signif. codes:  0 '***' 0.001 '**' 0.01 '*' 0.05 '.' 0.1 ' ' 1

Number of iterations in BFGS optimization: 12
Log-likelihood: -1390 on 10 Df
```

```
exp(coef(hpoisson2))
 count_(Intercept)      count_cinsiyet1 count_sigortadurumu1            count_yas count_surustecrubesi      zero_(Intercept)
         2.0690171            0.8284904            1.3378079            1.0418582            1.0127726            14.1331049
    zero_cinsiyet1  zero_sigortadurumu1             zero_yas  zero_surustecrubesi
         0.9791388            1.1219467            0.9588965            1.0040535
```

Tüm değişkenler istatistiksel olarak anlamlı bulunmuştur.

Cinsiyet değişkeni için IRR=0.828, kadınların yaptığı kaza sayısı, erkeklerin yaptığı kaza sayısının 0.828 katıdır, (0.8284904-1)*100= -%17.15'tir. Kadınların beklenen kaza sayısı erkeklerden ortalama %17.15 daha azdır.

Sigorta durumu değişkeni için; sigortası olanlar olmayanlara göre 1.337 kat daha fazla kaza yapmaktadır, (1.3378079-1)*100=%33.78'dir. Sigortası olanlar sigortası olmayanlara göre %33.78 daha fazladır.

Yaş değişkeni için; 1 yaş artınca kaza yapma sayısı 1.041 kat artmaktadır, (1.0418582-1)*100= %4.19'dur. yaş bir birim arttıkça, trafik kazası sayısı %4.19 artmaktadır.

Sürüş tecrübesi değişkeni için; sürüş tecrübesi 1 birim artınca beklenen kaza sayısı 1.012 kat artmaktadır, (1.0127726-1)*100=%1.28'dir. sürüş tecrübesi 1 birim arttıkça yani sürüş tecrübesine bir yıl daha eklendikçe, trafik kazası yapma oranı %1.28 oranında artmaktadır.

Bağ fonksiyonu probit olan hurdle Negatif binom model ile tahmin edelim:

```
Count model coefficients (truncated negbin with log link):
                Estimate Std. Error z value Pr(>|z|)
(Intercept)     1.135431   0.479380   2.369  0.01786 *
cinsiyet1      -0.164577   0.180053  -0.914  0.36069
sigortadurumu1  0.515619   0.245486   2.100  0.03569 *
yas             0.025141   0.007434   3.382  0.00072 ***
surustecrubesi  0.026479   0.022057   1.201  0.22994
Log(theta)      0.114816   0.166763   0.688  0.49114
Zero hurdle model coefficients (binomial with probit link):
                Estimate Std. Error z value Pr(>|z|)
(Intercept)     2.648520   0.839741   3.154  0.00161 **
cinsiyet1      -0.021082   0.227768  -0.093  0.92625
sigortadurumu1  0.115065   0.304512   0.378  0.70553
yas            -0.041972   0.017140  -2.449  0.01434 *
surustecrubesi  0.004045   0.029894   0.135  0.89236
---
Signif. codes:  0 '***' 0.001 '**' 0.01 '*' 0.05 '.' 0.1 ' ' 1

Theta: count = 1.1217
Number of iterations in BFGS optimization: 11
Log-likelihood: -570.9 on 11 Df

> exp(coef(hppoisson2))
  count_(Intercept)      count_cinsiyet1 count_sigortadurumu1            count_yas count_surustecrubesi    zero_(Intercept)
          3.1125135            0.8482521            1.6746744            1.0254592            1.0268332          14.1331049
     zero_cinsiyet1  zero_sigortadurumu1             zero_yas  zero_surustecrubesi
          0.9791388            1.1219467            0.9588965            1.0040535
```

Sadece sigorta durumu ve yaş istatistiksel olarak anlamlı bulunmuştur.

Sigorta durumu değişkeni için; sigortası olanlar olmayanlara göre 1.67 katı kaza yapmaktadırlar, (1.6746744-1)*100 = %67.47. Sigortası olanlar sigortası olmayanlara oranla %67.47 daha fazla kaza yapmaktadırlar.

Yaş değişkeni için; 1 yaş büyüdükçe beklenen kaza sayısı 1.03 kat artmaktadır, 1.0254592-1)*100=%2.55'tir. Yaş bir yaş artınca, trafik kazası yapma oranı %2.55 artmaktadır.

Son olarak aşırı sıfır regresyon (zero inflation regression model) modeli tahmin edelim:

"library(pscl)" yüklenmelidir, "zeroinfl" fonksiyonu bu paket altında çalışmaktadır.

Öncelikle sayma verisi kısmı Poisson dağılan modeli tahmin edelim:

```
Count model coefficients (poisson with log link):
                Estimate Std. Error z value Pr(>|z|)
(Intercept)     0.745873   0.171500   4.349 1.37e-05 ***
cinsiyet1      -0.187712   0.047730  -3.933 8.40e-05 ***
sigortadurumu1  0.292466   0.054584   5.358 8.41e-08 ***
yas             0.040584   0.003404  11.922  < 2e-16 ***
surustecrubesi  0.012699   0.006177   2.056   0.0398 *

Zero-inflation model coefficients (binomial with logit link):
                Estimate Std. Error z value Pr(>|z|)
(Intercept)    -4.598829   1.492080  -3.082  0.00206 **
cinsiyet1       0.020992   0.397450   0.053  0.95788
sigortadurumu1 -0.197286   0.531460  -0.371  0.71048
yas             0.073870   0.030010   2.462  0.01384 *
surustecrubesi -0.005247   0.052583  -0.100  0.92052
---
Signif. codes:  0 '***' 0.001 '**' 0.01 '*' 0.05 '.' 0.1 ' ' 1

Number of iterations in BFGS optimization: 12
Log-likelihood: -1390 on 10 Df
```

```
exp(coef(zipmodel))
count_(Intercept)      count_cinsiyet1 count_sigortadurumu1            count_yas count_surustecrubesi     zero_(Intercept)
       2.10828101           0.82885329           1.33972731           1.04141842           1.01277992           0.01006361
   zero_cinsiyet1  zero_sigortadurumu1             zero_yas  zero_surustecrubesi
       1.02121396           0.82095591           1.07666708           0.99476707
```

ZIP model iki kısımdan oluşur demiştik, üst kısım sayma verisi kısmı, alt taraf sıfırların yoğun olduğu kısımdır. İki modelin parametreleri birbirinin tam zıddıdır. Birinde pozitif olan bir beta, diğerinde negatiftir. Önce üst tarafı yorumlayalım:

Tüm değişkenler istatistiksel olarak anlamlıdır. Cinsiyetin kadın olmasının yapılan trafik kazası sayısını azaltıcı, diğer tüm değişkenlerin arttırıcı etkisi bulunmaktadır.

Cinsiyet değişkeni için; (0.8285329-1)*100= -%17.15'tir. Kadınlar erkeklere oranla %17.15 daha az trafik kazası yapmaktadırlar. Bir başka deyişle, erkeklerin yaptığı kazaların 0.8288 katını yapmaktadırlar.

Sigorta durumu değişkeni için; (1.33972731-1)*100= %33.97'dir. Sigortası olanlar sigortası olmayanlara oranla %33.97 daha fazla kaza yapmaktadırlar.

Yaş değişkeni için; (1.04141842-1)*100= %4.14'tür. Yaş bir yaş arttıkça, trafik kazası yapma oranı %4.14 artmaktadır.

Sürüş tecrübesi değişkeni için; (1.01277992-1)*100= %1.28'dir. Sürüş tecrübesi bir yıl arttıkça, trafik kazası %1.28 artmaktadır.

İkinci kısmın yorumları tam ters bir mantıkla yapılır, çünkü modelin kısımları birbirinin tersi ve tümleyeni şeklindedir, örnek uzayda açıkta hiçbir nokta kalmayacak şekilde tasarlanmışlardır.[77]

Hiç kaza yapmamayı olumlu etkileyen tek değişken kadın sürücü olmaktır. Yaş, sürüş tecrübesi ve sigortalı olma durumları hiç kaza yapmamayı olumsuz etkilemektedirler.

---

[77] Bernoulli sürecini hatırlayınız, $p+q=1$.

Son olarak sayma verisi kısmı Negatif binomdağılan modeli tahmin edelim:

```
Count model coefficients (negbin with log link):
                Estimate Std. Error z value Pr(>|z|)
(Intercept)     1.094521   0.489607   2.236 0.025384 *
cinsiyet1      -0.191393   0.182647  -1.048 0.294691
sigortadurumu1  0.535926   0.249701   2.146 0.031851 *
yas             0.025056   0.007415   3.379 0.000727 ***
surustecrubesi  0.029928   0.022698   1.319 0.187326
Log(theta)      0.084305   0.184575   0.457 0.647849

Zero-inflation model coefficients (binomial with logit link):
                Estimate Std. Error z value Pr(>|z|)
(Intercept)    -7.475757   3.180108  -2.351   0.0187 *
cinsiyet1      -0.226928   0.597038  -0.380   0.7039
sigortadurumu1 -0.002067   0.687424  -0.003   0.9976
yas             0.118119   0.054164   2.181   0.0292 *
surustecrubesi  0.029156   0.086280   0.338   0.7354
---
Signif. codes:  0 '***' 0.001 '**' 0.01 '*' 0.05 '.' 0.1 ' ' 1

Theta = 1.088
Number of iterations in BFGS optimization: 19
Log-likelihood: -570.6 on 11 Df
> exp(coef(zinbmodel))
   count_(Intercept)       count_cinsiyet1 count_sigortadurumu1            count_yas count_surustecrubesi     zero_(Intercept)
        2.9877517121          0.8258078877         1.7090302644         1.0253726609         1.0303807555         0.0005666567
      zero_cinsiyet1   zero_sigortadurumu1             zero_yas  zero_surustecrubesi
        0.7969780918          0.9979353004         1.1253775532         1.0295848642
```

Sadece sigorta durumu ve yaş değişkenleri istatistiksel olarak anlamlı bulunmuştur.

Sigorta durumu için; (1.7090302644-1)*100= %70.9'dur. Sigortası olanlar sigortası olmayanlara oranla %70.9 daha fazla trafik kazası yapmaktadırlar.

Yaş değişkeni için; (1.0253726609-1)*100= %2.54'tür. Yaş bir yıl arttıkça beklenen trafik kazası sayısı %2.54 artmaktadır.

Tahmin edilen sayma verisi modelleri arasında en uygunu hangisidir?

Bunu anlamak için AIC ve BIC değerlerine bakabiliriz. Bir diğer yaklaşım da Vuong testi uygulamaktır. Tahmin edilen modellerin AIC ve BIC değerleri aşağıdaki gibidir:

```
> AIC(poisson,neg.bin,hpoisson,hpoisson2,hppoisson,hppoisson2,zipmodel,zinbmodel)
           df      AIC
poisson     5 3636.930
neg.bin     6 1176.164
hpoisson   11 1163.759
hpoisson2  10 2799.742
hppoisson  11 1163.759
hppoisson2 11 1163.829
zipmodel   10 2800.395
zinbmodel  11 1163.225
```

Okuma kolaylığı olması bakımından tahmin edilen tüm modeller aşağıdaki tabloda tekrar verilmiştir:

Tablo 6.1. Sayma Verisi Modellerinin İçerikleri ve AIC Değerleri

Model	İçerik	AIC
zinbmodel	Zeroinflation model count data kısmı: Negatif binom dağılıyor	1163.225
hPoisson	hurdle link="logit" dist="Poisson"	1163.759
hpPoisson	hurdle link="logit" dist="negbin"	1163.759
hpPoisson2	hurdle link="probit" dist="negbin"	1163.829
neg.bin	Negatif binomregresyon modeli	1176.164
hPoisson2	hurdle link="probit" dist="Poisson"	2799.742
Poisson	Poisson regresyon modeli	3636.930

Sayma verisi modellerinin AIC değerlerine bakılırsa en iyi model, sayma verisi kısmı Negatif binom dağılıma uyan sıfır enflasyonu modelidir (zinbmodel). En uyumsuz model ise Poisson regresyon modelidir.

Bir diğer yaklaşım da Vuong testinin sonuçlarına bakmaktır.

Vuong test istatistiği şu şekildedir:[78]

$$Q_v = \frac{(Q-\theta)}{\left\{2\sqrt{(V(Q)n)}\right\}}$$; olmak üzere,

Eğer $Q_v > 1.96$ ise ZIP, ZINB modelleri, Poisson, Negatif binom regresyon modelinden daha uygundur, yani modelde aşırı sıfır durumu vardır.

Eğer $Q_v < -1.96$ ise Poisson, Negatif binom regresyon modelleri, ZIP, ZINB'den daha uygundur, yani aşırı sıfır durumu yoktur ya da varsa bile istatistiksel olarak anlamlı bir seviyede değildir.

[78] Lewis, F., Butler, A., Gilbert, L., A unified approach to model selection using the likelihood ratio test, Methods in Ecology and Evolution 2011, 2, p:157.

Öncelikle AIC değeri en küçük olan sayma verisi modellerine bakalım:

```
> vuong(zinbmodel,hpoisson)
Vuong Non-Nested Hypothesis Test-Statistic:
(test-statistic is asymptotically distributed N(0,1) under the
 null that the models are indistinguishible)
-------------------------------------------------------------
              Vuong z-statistic             H_A    p-value
Raw                    3.185317 model1 > model2 0.00072298
AIC-corrected          3.185317 model1 > model2 0.00072298
BIC-corrected          3.185317 model1 > model2 0.00072298
```

Zinbmodel, hPoisson modelden daha uygundur.

```
> vuong(zinbmodel,hppoisson)
Vuong Non-Nested Hypothesis Test-Statistic:
(test-statistic is asymptotically distributed N(0,1) under the
 null that the models are indistinguishible)
-------------------------------------------------------------
              Vuong z-statistic             H_A p-value
Raw                   0.3367005 model1 > model2 0.36817
AIC-corrected         0.3367005 model1 > model2 0.36817
BIC-corrected         0.3367005 model1 > model2 0.36817
```

Zinbmodel, hpPoisson modelden daha uygundur.

```
> vuong(zinbmodel,hppoisson2)
Vuong Non-Nested Hypothesis Test-Statistic:
(test-statistic is asymptotically distributed N(0,1) under the
 null that the models are indistinguishible)
-------------------------------------------------------------
              Vuong z-statistic             H_A p-value
Raw                   0.3505133 model1 > model2 0.36298
AIC-corrected         0.3505133 model1 > model2 0.36298
BIC-corrected         0.3505133 model1 > model2 0.36298
```

Zinbmodel, hpPoisson2 modelden daha uygundur.

```
> vuong(zinbmodel,neg.bin)
Vuong Non-Nested Hypothesis Test-Statistic:
(test-statistic is asymptotically distributed N(0,1) under the
 null that the models are indistinguishible)
-------------------------------------------------------------
              Vuong z-statistic             H_A  p-value
Raw                   2.2846448 model1 > model2 0.011167
AIC-corrected         1.2886654 model1 > model2 0.098757
BIC-corrected        -0.2729299 model2 > model1 0.392454
```

Zinbmodel, neg.bin modelden daha uygundur.

```
> vuong(hpoisson,hppoisson)
Vuong Non-Nested Hypothesis Test-Statistic:
(test-statistic is asymptotically distributed N(0,1) under the
 null that the models are indistinguishible)
-------------------------------------------------------------
              Vuong z-statistic             H_A  p-value
Raw                   -3.186912 model2 > model1 0.000719
AIC-corrected         -3.186912 model2 > model1 0.000719
BIC-corrected         -3.186912 model2 > model1 0.000719
```

hpPoisson model, hPoisson modelden daha uygundur.

```
> vuong(hpoisson,hppoisson2)
Vuong Non-Nested Hypothesis Test-Statistic:
(test-statistic is asymptotically distributed N(0,1) under the
 null that the models are indistinguishible)
-------------------------------------------------------------
              Vuong z-statistic             H_A    p-value
Raw                   -3.186683 model2 > model1 0.00071957
AIC-corrected         -3.186683 model2 > model1 0.00071957
BIC-corrected         -3.186683 model2 > model1 0.00071957
```

hpPoisson2 model, hPoisson modelden daha uygundur.

```
> vuong(hpoisson,neg.bin)
Vuong Non-Nested Hypothesis Test-Statistic:
(test-statistic is asymptotically distributed N(0,1) under the
 null that the models are indistinguishible)
-------------------------------------------------------------
              Vuong z-statistic             H_A    p-value
Raw                   -3.108296 model2 > model1 0.00094085
AIC-corrected         -3.127537 model2 > model1 0.00088139
BIC-corrected         -3.157704 model2 > model1 0.00079509
```

neg.bin model, hPoisson modelden daha uygundur.

```
> vuong(hppoisson,hppoisson2)
Vuong Non-Nested Hypothesis Test-Statistic:
(test-statistic is asymptotically distributed N(0,1) under the
 null that the models are indistinguishible)
-------------------------------------------------------------
              Vuong z-statistic             H_A p-value
Raw                   0.3642965 model1 > model2 0.35782
AIC-corrected         0.3642965 model1 > model2 0.35782
BIC-corrected         0.3642965 model1 > model2 0.35782
```

hpPoisson model, hpPoisson2 modelinden den daha uygundur.

Sıfır enflasyonu modellerine kıyasla uygun olmadıkları açıkça görülmüş olan Poisson ve Negatif binom modelleri için de testi uygulayalım:

```
> vuong(poisson,zinbmodel)
Vuong Non-Nested Hypothesis Test-Statistic:
(test-statistic is asymptotically distributed N(0,1) under the
 null that the models are indistinguishible)
-------------------------------------------------------------
              Vuong z-statistic             H_A    p-value
Raw                   -3.759833 model2 > model1 8.5013e-05
AIC-corrected         -3.744707 model2 > model1 9.0302e-05
BIC-corrected         -3.720992 model2 > model1 9.9221e-05
```

zinbmodel, Poisson modelden daha uygundur.

```
> vuong(neg.bin,zinbmodel)
Vuong Non-Nested Hypothesis Test-Statistic:
(test-statistic is asymptotically distributed N(0,1) under the
 null that the models are indistinguishible)
-------------------------------------------------------------
              Vuong z-statistic             H_A  p-value
Raw                  -2.2846448 model2 > model1 0.011167
AIC-corrected        -1.2886654 model2 > model1 0.098757
BIC-corrected         0.2729299 model1 > model2 0.392454
```

zinbmodel, Negatif binom regresyon modelinden daha uygundur.

Bütün modeller arasında en uygunu zinbmodel'dir.

Örnek 9. "Düzeltilmiş Deviance > 1" Olduğunda Her Zaman Negatif Binom Regresyon Modeli mi Kullanılmalıdır?

Bu örnekte, düzeltilmiş deviance[79] değerinin 1'den büyük olması halinde eğer çok büyük değilse, PR modelin NBR modelden daha uygun olabileceğini göstermek istedik. Payne(2017)'a göre deviance değeri 1'den büyük fakat 1.2'yi aşmadığı zaman, Field (2018)'a göre deviance 2'yi aşmadığı zaman, aşırı yayılım bir problem olarak görülmemeli, hemen negatif binom modeli uygulanmamalıdır çünkü halen PR model daha uygun olabilir. Hâlbuki genel yaklaşım, düzeltilmiş deviance değeri 1'i geçtiği anda Negatif binom regresyonu uygulamaktır. Bu duruma bir örnek teşkil etmesi için google anket yoluyla (Mart 2021) gerçek veriler kullanılarak uygulanmış aşağıdaki örneği çözelim:

Örneklem hacmi: 100 öğrenci

Y: Öğrencilerin Pandemi süresince yaptırdıkları PCR testi sayısı

X_1: Cinsiyet

X_2: Okul başarısı (genel not ortalaması)

X_3: Yaş

X_4: Aylık hane geliri

Y'nin Poisson dağılıp dağılmadığına bakmalıyız.

Descriptive Statistics

	N	Minimum	Maximum	Mean	Variance
numberoftests	100	0	10	1,83	4,890
Valid N (listwise)	100				

Y'nin varyansı ortalamasından oldukça büyük bir değer bulundu. Aşırı yayılım var gibi görünüyor.

---

[79] Düzeltilmiş deviance=deviance/s.d.=deviance/(n-k-1)

One-Sample Kolmogorov-Smirnov Test

		numberoftests
N		100
Poisson Parameter[a,b]	Mean	1,83
Most Extreme Differences	Absolute	,166
	Positive	,166
	Negative	-,086
Kolmogorov-Smirnov Z		1,660
Asymp. Sig. (2-tailed)		,008

a. Test distribution is Poisson.

b. Calculated from data.

K-S test sonucuna göre Y'nin Poisson dağıldığı söylenemez. Aşırı yayılım gibi görünen bu durumun varlığını kesinleştirmek için öncelikle PR modeli tahmin edip, aşırı yayılımı test edeceğiz, eğer aşırı yayılım var ise o zaman NBR modeli tahmin edeceğiz. Bu arada Payne ve Field'ın uyarılarını aklımızda tutmaktayız.

Goodness of Fit[a]

	Value	df	Value/df
Deviance	104,964	95	1,105
Scaled Deviance	104,964	95	
Pearson Chi-Square	98,527	95	1,037
Scaled Pearson Chi-Square	98,527	95	
Log Likelihood[b]	-143,988		
Akaike's Information Criterion (AIC)	297,976		
Finite Sample Corrected AIC (AICC)	298,614		
Bayesian Information Criterion (BIC)	311,001		
Consistent AIC (CAIC)	316,001		

Dependent Variable: numberoftests
Model: (Intercept), gender, schoolsuccess, income, age

a. Information criteria are in smaller-is-better form.

b. The full log likelihood function is displayed and used in computing information criteria.

Ki-kare hesap değeri 98.527'dir. $\chi^2_{95;0.05}$,120 tablo değerinden küçük olması, Poisson modelin uygun olduğunu göstermektedir. Fakat düzeltilmiş deviance 1'den büyük. Hemen NBM tahmin etmemiz gerekmez miydi?

Payne'nin uyarısını hatırlayalım: Deviance değeri 1'den büyük ama 1.2'den de küçük. Belki de overdispersion o kadar da önemli değildir.

Omnibus Test[a]

Likelihood Ratio Chi-Square	df	Sig.
133,235	4	,000

Dependent Variable: numberoftests
Model: (Intercept), gender, schoolsuccess, income, age

a. Compares the fitted model against the intercept-only model.

Omnibus test de anlamlı çıktı, şimdilik PR model tamam gibi görünüyor. Fakat hala kesin konuşamayız. Aşırı yayılımın olmadığını gösterirsek o zaman PR model geçerlidir diyerek PR modelin tahmin ettiği parametreleri yorumlayacağız.

Cameron-Trivedi aşırı yayılım testinin R kodu:

```
> dispersiontest(poisson)

        Overdispersion test

data:  poisson
z = 0.19586, p-value = 0.4224
alternative hypothesis: true dispersion is greater than 1
sample estimates:
dispersion
  1.025498
```

p>0.05 olduğundan, α=0 yani yokluk hipotezi kabul edilir, gerçekten de aşırı yayılım yoktur, bir başka deyişle; aşırı yayılım varsa bile sorun yaratacak boyutta değildir.

PR modelin parametre tahminleri:

Parameter Estimates

Parameter	B	Std. Error	95% Wald Confidence Interval		Hypothesis Test			Exp(B)	95% Wald Confidence Interval for Exp(B)	
			Lower	Upper	Wald Chi-Square	df	Sig.		Lower	Upper
(Intercept)	5,219	,7430	3,763	6,675	49,336	1	,000	184,749	43,064	792,594
[gender=1]	-,389	,1666	-,715	-,062	5,442	1	,020	,678	,489	,940
[gender=2]	0[a]	.	.	.	.	.	.	1	.	.
schoolsuccess	-,025	,0032	-,031	-,019	62,460	1	,000	,975	,969	,981
income	-5,708E-6	1,0965E-5	-2,720E-5	1,578E-5	,271	1	,603	1,000	1,000	1,000
age	-,138	,0357	-,207	-,068	14,867	1	,000	,872	,813	,935
(Scale)	1[b]									

Dependent Variable: numberoftests
Model: (Intercept), gender, schoolsuccess, income, age

a. Set to zero because this parameter is redundant.

b. Fixed at the displayed value.

Cinsiyet değişkeni 1: kadın, 2: erkek olarak kategorize edilmişti. Erkekler için exp(B)=1. IRR değeri (1-1)*100=0 yani erkek olmanın PCR testi yaptırma üzerinde anlamlı bir etkisi bulunmamaktadır. Fakat kadın olmanın Y üzerindeki etkisi anlamlıdır. Kadınlar erkeklere göre [(0.678-1)*100]= -%32.2 daha az sayıda test yaptırmıştır. Bir başka deyişle, kadınların test sayısı erkeklerin 0.678 katıdır. Kadınların pandemi kurallarına daha fazla uymalarının bir sonucu olabilir[80].

Okul başarısı da anlamlı bulunmuştur. [(0.975-1)*100]= -%2.5. Başarının 1 birim artması, test yaptırma oranını %2.5 düşürmektedir.

---

[80] Cevaplayıcıların kendi beyanlarına dayanan bir bilgidir.

Kaynakça

Cameron, A.C., (2014), Regression Analysis of Count Data, University of California, Davis, Pravin K. Trivedi, Indiana University, Bloomington, https://doi.org/10.1017/CBO9781139013567

Cameron, A.C., and Trivedi, P.K. (1998). Regression Analysis of Count Data. Cambridge University Press. Cambridge, UK.

Chengye, P., Ranjitkar, P., (2013), Modelling motorway accidents using negative Binomial regression, Journal of the Eastern Asia Society for Transportation Studies, Vol:10, p:1954.

Coxe, S., West, S. G., & Aiken, L. S. (2009). The analysis of count data: A gentle introduction to Poisson regression and its alternatives. *Journal of Personality Assessment, 91*(2), 121–136.c

Cupal, M., Deev, O., Linnertova, D., (2015), The Poisson Regression Analysis for Occurrence of Floods, Procedia Economics and Finance 23, pp:1499-1502.

Dinarcan, G. N., (2018), SAYMA VERİSİ İÇİN REGRESYON MODELLERİ VE BİR UYGULAMA, Hacettepe Üniversitesi, YL Tezi, Ankara.

Hilbe, J. M., and W. H. Greene. 2008. Count response regression models. In Handbook of Statistics 27: Epidemiology and Medical Statistics, ed. C. R. Rao, J. P. Miller, and D. C. Rao, 210–252. Amsterdam: Elsevier.

Hurvich, C. M., Tsai, C. L., (1989) , Regression and time series model selection in small samples, Biometrika, 76.

Kılıç, D., Bayrak, H., (2020), Sayma Verisi Modelleri Üzerine Bir Karşılaştırma: E- Ticarette Yaşanan Sorunlar Türkiye Örneği, S.Ü. FEN FAKÜLTESİ FEN DERGİSİ, 46(2), 85-102, s:87.

Larsen, J., Probability Theory&Statistics, Roskilde University, 2006.

Lawless, J.F. (1987). Negative binomial and mixed Poisson regression. The Canadian Journal of Statistics, Vol. 15, No. 3, pp. 209-225.

Lewis, F., Butler, A., Gilbert, L., (2011), A unified approach to model selection using the likelihood ratio test, Methods in Ecology and Evolution, 2.

Magazzini,(2020), http://www.phdeconomics.sssup.it/documents/Magazzini_Count2014.pdf.

Mullahy, J. (1997). Instrumental-Variable Estimation of Count Data Models: Applications to Models of Cigarette Smoking Behavior. The Review of Economics and Statistics, 79(4), 586-593. Retrieved March 26, 2021, from http://www.jstor.org/stable/2951410.

Nelder, J., & Wedderburn, R. (1972). Generalized Linear Models. Journal of the Royal Statistical Society. Series A (General), 135(3), 370-384. doi:10.2307/2344614.

Newbold, P., Carlson, W. L., Thorne, B.M., "İşletme ve İktisat İçin İstatistik", 8. Baskıdan çeviri.

Olive, D.J., (2012), A Course in Statistical Theory, Southern Illinois University Department of Mathematics.

Payne, E. H., Hardin, J. W., Egede, L. E., Ramakrishnan, V., Selassie, A., Gebregziabher, M. (2017), "Approaches for dealing with various sources of overdispersion in modeling count data: Scale adjustment versus modeling", Pubmed.

Phang, Loh(2013), Zero Inflated Models for Overdispersed Count Data, World Academy of Science, Engineering and Technology International Journal of Health and Medical Engineering Vol:7, No:8.

Piegorsch, W. (1990). Maximum Likelihood Estimation for the Negative Binomial Dispersion Parameter. Biometrics, 46(3), 863-867. doi:10.2307/2532104.

Ross, G., & Preece, D. (1985). The Negative Binomial Distribution. Journal of the Royal Statistical Society. Series D (The Statistician), 34(3), 323-335. doi:10.2307/2987659.

Saffari, S. E., Adnan, R., Greene, W., (2012), Paratmeter Estimation on Hurdle Poisson Regression Model With Censored Data", Jurnal Teknologi, 57, Suppl 1, March 2012, 189-198.

Sellers, K., & Shmueli, G. (2010). A FLEXIBLE REGRESSION MODEL FOR COUNT DATA. The Annals of Applied Statistics, 4(2), 943-961. doi:10.2307/29765537.

Sınıksaran, E., (2001), Teori ve Uygulamalarıyla İstatistiksel Yöntemler, Filiz Kitabevi, ISBN: 975-368-212-3, İstanbul.

Şenoğlu, B., Sürücü, B.(2004), Goodness-of-Fit Tests Based on Kullback-Leibler Information, IEEE TRANSACTIONS ON RELIABILITY, VOL. 53, NO. 3, pp: 357-361.

Thanomsieng, N., (2014), Negative Binomial Regression Analysis and Other Count Models, Department of Biostatistics&Demography, Khon Kaen University.

Williams, R., (2020), Models for count outcomes, University of Notre Dame.

http://www.phdeconomics.sssup.it/documents/Magazzini_CountData2012.pdf (çevrimiçi 02.03.2021)

https://www.statisticshowto.com/likelihood-ratio-tests/#:;:text=The%20Likelihood%2DRatio%20test%20(sometimes,special%20case% 20of%20the%20other.(çevrimiçi 10.03.2021)

https://www.statisticshowto.com/akaikes-information-criterion/(çevrimiçi 10.03.2021)

https://mathshistory.st-andrews.ac.uk/Biographies/Poisson/

http://www.math.ntu.edu.tw/;hchen/teaching/StatInference/notes/lecture16.pdf

https://doi.org/10.1017/CBO9781139013567

https://doi.org/10.2307/3314912

https://ncss-wpengine.netdna-ssl.com/wp-content/themes/ncss/pdf/Procedures/NCSS/Negative_Binomial_Regression.pdf, p:326.

https://www.icpsr.umich.edu/CrimeStat/files/CrimeStatAppendix.D.pdf, p:D-13.

https://www.icpsr.umich.edu/CrimeStat/files/CrimeStatAppendix.D.pdf, p:11.

https://stats.idre.ucla.edu/other/mult-pkg/faq/general/faq-what-are-pseudo-r-squareds/

https://courses.ms.ut.ee/MTMS.01.011/2018_spring/uploads/Main/GLM_slides_10_models_with_excess_zeros_print.pdf, p:8.

https://courses.ms.ut.ee/MTMS.01.011/2018_spring/uploads/Main/GLM_slides_10_models_with_exc ess_zeros_print.pdf, p:12.

https://home.kku.ac.th/nikom/negative_binomial_2558u.pdf, p.4.

https://courses.ms.ut.ee/MTMS.01.011/2018_spring/uploads/Main/GLM_slides_10_ models_with_excess_zeros_print.pdf, p:33.

Ek 1.

Örnek 4. Verileri

Y:kaza sayısı

X1:cinsiyet (1: kadın, 2:Erkek)

X2:sürüş tecrübesi

Y	X1	X2
0	2	30
0	2	30
0	2	28
0	2	25
0	2	25
0	2	24
0	2	23
0	2	22
0	2	15
0	2	15
0	2	14
1	2	12
0	1	11
1	2	10
1	1	10
1	2	9
1	2	8
0	1	6
1	1	6
1	1	5
2	1	4
1	1	4
1	1	3
0	1	3
1	1	3
1	1	2
1	1	2
2	1	2
3	1	1
1	1	1

Örnek 5. Verileri

Y: doktora gitme sayısı/ SPSS: scale, R: as.integer

X1: cinsiyet (1: kadın, 0:erkek) / SPSS: nominal, R: as.factor

X2: yaş / SPSS: scale, R: as.integer

Y	X1	X2
4	0	38
5	1	34
8	0	43
6	0	42
8	0	56
13	0	59
9	0	50
6	0	49
10	0	50
10	0	51
15	0	70
8	0	41
12	1	45
13	1	52
5	0	51
5	1	53
8	0	45
12	1	35
12	0	57
6	0	52
12	0	50
7	1	49
9	0	62
12	0	47
6	0	49
10	1	61
5	1	42
7	0	59
10	1	44
11	1	37
8	0	68
11	0	54

Örnek 6. Verileri

Y: doktora gitme sayısı/ SPSS: scale, R: as.integer

X1: cinsiyet (1:kadın, 0:erkek)/SPSS: nominal, R: as.factor

X2: yaş/SPSS: scale, R: as.integer

Y	X1	X2
4	0	38
5	1	34
8	0	43
6	0	42
8	0	56
13	0	59
9	0	50
6	0	49
10	0	50
10	0	51
15	0	70
8	0	41
12	1	45
13	1	52
5	0	51
5	1	53
8	0	45
12	1	35
12	0	57
6	0	52
12	0	50
7	1	49
9	0	62
12	0	47
6	0	49
10	1	61
5	1	42
7	0	59
10	1	44
11	1	37
8	0	68
11	0	54

Örnek 7. Verileri

Y:idari ceza sayısı / SPSS: scale, R: as.integer

X1:medeni durum (1:Evli, 2:bekar)/ SPSS: nominal, R: as.factor

X2:cinsiyet(1:kadın, 2:erkek)/ SPSS: nominal, R: as.factor

X3:üniversite diploma notu / SPSS: scale, R: as.integer

Y	X1	X2	X3
1	1	1	92
1	2	1	76
4	1	1	85
1	2	1	80
1	1	1	78
2	2	1	88
0	1	1	89
1	2	1	56
1	1	1	100
1	2	1	100
1	1	1	85
0	2	1	98
0	1	1	63
0	2	1	85
0	1	1	74
0	2	1	71
0	1	1	58
0	2	1	69
0	1	1	75
0	2	1	78
0	1	1	88
12	2	1	98
0	1	1	100
0	2	1	55
1	1	1	87
2	2	2	81
1	1	2	81
9	2	2	80

2	1	2	79
2	2	2	78
0	1	2	72
0	2	2	76
1	1	2	75
0	2	2	74
4	1	2	73
0	2	2	90
0	1	2	63
0	2	2	92
3	1	2	69
2	2	2	68
2	1	2	67
2	2	2	66
2	1	2	65
1	2	2	64
1	1	2	63
1	2	2	62
1	1	2	74
1	2	2	84
1	1	2	55
1	2	2	76

Örnek 8. Verileri

Y: kaza sayısı / SPSS: scale, R: as.integer

X1: cinsiyet (1: kadın, 0: erkek)/ SPSS: nominal, R: as.factor

X2:sigorta durumu (1:var, 0:yok)/ SPSS: nominal, R: as.factor

X3: yaş / SPSS: scale, R: as.integer

X4: sürüş tecrübesi / SPSS: scale, R: as.integer

Y	X1	X2	X3	X4
6	1	0	55	17
8	0	0	53	10
4	0	1	52	13
13	1	0	47	15
5	1	0	46	16
4	0	0	39	14
2	0	0	36	14
17	1	0	41	14
6	0	1	45	11
17	0	0	39	12
4	1	0	46	14
5	0	1	41	14
5	0	1	50	12
3	0	0	55	12
8	1	0	55	11
17	1	0	38	18
5	0	1	43	3
11	0	0	50	18
4	0	0	40	13
2	0	0	38	12
11	1	0	42	14
3	1	0	55	18
6	0	0	43	6
6	1	1	55	14
4	0	0	55	15
17	1	0	48	14
11	1	0	42	14
17	0	0	35	16
10	1	0	45	11

6	1	0	42	10
11	1	0	42	18
3	1	0	49	18
17	0	0	54	8
6	0	0	41	13
11	1	0	40	16
17	0	0	38	12
3	0	0	55	16
117	0	1	38	14
17	0	0	48	18
17	0	1	-24	10
4	1	1	55	10
2	1	0	55	14
11	0	0	44	8
8	1	0	37	17
9	0	1	45	8
22	0	0	53	16
17	0	0	37	16
17	0	1	42	14
2	1	0	40	4
17	0	0	47	10
6	0	0	45	11
15	0	0	36	12
20	1	1	54	10
14	1	1	51	14
13	0	0	36	16
17	0	0	41	16
8	0	0	42	7
8	0	0	40	16
8	0	1	36	10
12	0	0	41	10
17	0	0	44	10
5	0	0	43	10
10	1	0	36	15
2	1	0	35	14
5	0	0	36	14

10	1	0	40	12
2	0	0	40	8
5	0	1	36	7
10	1	0	43	14
17	1	0	44	14
4	1	0	44	13
10	1	0	47	14
12	0	0	41	16
24	0	0	53	5
5	1	0	44	19
8	1	1	50	18
17	1	0	50	19
9	1	0	37	14
14	0	0	39	14
6	0	0	35	8
12	0	0	47	12
6	0	1	35	10
13	1	0	46	14
2	0	0	39	16
3	0	0	55	16
4	0	1	55	7
2	0	0	37	16
117	1	0	55	10
11	1	0	40	10
8	0	0	37	10
17	1	0	39	15
2	1	0	43	14
11	0	0	40	14
4	1	0	36	12
13	0	1	37	8
8	1	0	50	7
19	0	0	35	14
15	1	0	43	14
5	1	0	54	13
16	0	1	55	14
146	0	0	55	16

4	0	1	37	5
4	0	0	53	19
5	1	0	50	18
5	1	0	36	19
8	0	1	37	14
5	0	1	51	14
10	0	1	39	8
6	0	0	55	19
4	1	0	48	4
117	0	1	54	2
8	0	1	48	8
12	1	0	45	18
4	0	0	46	8
17	0	0	43	4
3	1	1	55	14
4	1	0	43	16
3	1	0	41	12
4	1	0	45	15
9	0	1	49	14
4	1	0	38	13
12	1	0	41	13
10	0	0	36	14
3	1	0	55	13
22	1	1	37	14
2	0	0	42	19
2	0	0	40	10
17	1	0	45	15
17	1	0	47	14
5	0	0	43	19
8	0	0	51	14
15	0	0	49	10
12	0	0	50	7
5	1	0	47	14
25	1	1	40	14
41	1	0	36	7
3	0	0	42	3

3	0	0	39	14
20	0	0	44	14
13	0	0	45	14
4	0	0	45	14
11	0	0	55	14
23	1	0	55	17
5	1	0	43	18
2	0	0	43	8
4	0	1	40	18
6	0	0	35	19
5	1	0	48	19
14	0	0	54	14
12	0	1	38	8
4	1	0	37	14
5	1	0	42	14
4	1	0	40	12
8	1	0	40	15
9	1	0	35	6
17	1	0	42	15
4	0	0	55	18
15	1	0	55	15
5	1	0	39	12
16	1	0	55	12
3	0	0	55	14
117	0	0	45	18
4	0	0	39	18
4	1	0	43	9
2	1	0	43	14
2	1	0	37	14
20	1	0	40	8
13	1	0	47	10
117	1	0	51	18
4	1	0	54	14

Örnek 9. Verileri

Y: Öğrencilerin pandemi süresince yaptırılan PCR testi sayısı/ SPSS: scale, R: as.integer

X_1: cinsiyet/ SPSS: nominal, R: as.factor

X_2: okul başarısı (genel not ortalaması)/ SPSS: scale, R: as.integer

X_3: yaş/ SPSS: scale, R: as.integer

X_4: aylık hane geliri/ SPSS: scale, R: as.integer

Y	X1	X2	X3	X4
4	1	0	85	15
6	0	0	83	8
2	0	1	82	11
11	1	0	77	13
3	1	0	76	14
2	0	0	69	12
0	0	0	66	12
5	1	0	71	12
4	0	1	75	9
5	0	0	69	10
2	1	0	76	12
3	0	1	71	12
3	0	1	80	10
1	0	0	85	10
6	1	0	85	9
5	1	0	68	16
3	0	1	73	1
9	0	0	80	16
2	0	0	70	11
0	0	0	68	10
9	1	0	72	12
1	1	0	85	16
4	0	0	73	4
4	1	1	85	12
2	0	0	85	13
5	1	0	78	12
9	1	0	72	12
5	0	0	65	14
8	1	0	75	9

4	1	0	72	8
9	1	0	72	16
1	1	0	79	16
5	0	0	84	6
4	0	0	71	11
9	1	0	70	14
5	0	0	68	10
1	0	0	85	14
15	0	1	68	12
5	0	0	78	16
5	0	1	6	8
2	1	1	85	8
0	1	0	85	12
9	0	0	74	6
6	1	0	67	15
7	0	1	75	6
20	0	0	83	14
5	0	0	67	14
5	0	1	72	12
0	1	0	70	2
5	0	0	77	8
4	0	0	75	9
13	0	0	66	10
18	1	1	84	8
12	1	1	81	12
11	0	0	66	14
5	0	0	71	14
6	0	0	72	5
6	0	0	70	14
6	0	1	66	8
10	0	0	71	8
5	0	0	74	8
3	0	0	73	8
8	1	0	66	13
0	1	0	65	12
3	0	0	66	12

8	1	0	70	10
0	0	0	70	6
3	0	1	66	5
8	1	0	73	12
5	1	0	74	12
2	1	0	74	11
8	1	0	77	12
10	0	0	71	14
22	0	0	83	3
3	1	0	74	17
6	1	1	80	16
5	1	0	80	17
7	1	0	67	12
12	0	0	69	12
4	0	0	65	6
10	0	0	77	10
4	0	1	65	8
11	1	0	76	12
0	0	0	69	14
1	0	0	85	14
2	0	1	85	5
0	0	0	67	14
15	1	0	85	8
9	1	0	70	8
6	0	0	67	8
5	1	0	69	13
0	1	0	73	12
9	0	0	70	12
2	1	0	66	10
11	0	1	67	6
6	1	0	80	5
17	0	0	65	12
13	1	0	73	12
3	1	0	84	11
14	0	1	85	12
14	0	0	85	14

2	0	1	67	3
2	0	0	83	17
3	1	0	80	16
3	1	0	66	17
6	0	1	67	12
3	0	1	81	12
8	0	1	69	6
4	0	0	85	17
2	1	0	78	2
15	0	1	84	0
6	0	1	78	6
10	1	0	75	16
2	0	0	76	6
5	0	0	73	2
1	1	1	85	12
2	1	0	73	14
1	1	0	71	10
2	1	0	75	13
7	0	1	79	12
2	1	0	68	11
10	1	0	71	11
8	0	0	66	12
1	1	0	85	11
20	1	1	67	12
0	0	0	72	17
0	0	0	70	8
5	1	0	75	13
5	1	0	77	12
3	0	0	73	17
6	0	0	81	12
13	0	0	79	8
10	0	0	80	5
3	1	0	77	12
23	1	1	70	12
39	1	0	66	5
1	0	0	72	1

1	0	0	69	12
18	0	0	74	12
11	0	0	75	12
2	0	0	75	12
9	0	0	85	12
21	1	0	85	15
3	1	0	73	16
0	0	0	73	6
2	0	1	70	16
4	0	0	65	17
3	1	0	78	17
12	0	0	84	12
10	0	1	68	6
2	1	0	67	12
3	1	0	72	12
2	1	0	70	10
6	1	0	70	13
7	1	0	65	4
5	1	0	72	13
2	0	0	85	16
13	1	0	85	13
3	1	0	69	10
14	1	0	85	10
1	0	0	85	12
15	0	0	75	16
2	0	0	69	16
2	1	0	73	7
0	1	0	73	12
0	1	0	67	12
18	1	0	70	6
11	1	0	77	8
15	1	0	81	16
2	1	0	84	12